Werner Freißler/Otto Mayr

Bildungsstandards Mathematik

Testaufgaben für alle weiterführenden Schularten

10. Klasse

Kopiervorlagen mit Lösungen

D1725567

Gedruckt auf umweltbewusst gefertigtem, chlorfrei gebleichtem
und alterungsbeständigem Papier.

2. Auflage 2008

Nach den seit 2006 amtlich gültigen Regelungen der Rechtschreibung

© by Brigg Pädagogik Verlag GmbH, Augsburg
Alle Rechte vorbehalten

Das Werk und seine Teile sind urheberrechtlich geschützt. Jede Nutzung in anderen als den gesetzlich zugelassenen
Fällen bedarf der vorherigen schriftlichen Einwilligung des Verlages. Hinweis zu § 52 a UrhG: Weder das Werk noch
seine Teile dürfen ohne eine solche Einwilligung eingescannt und in ein Netzwerk eingestellt werden. Dies gilt auch für
Intranets von Schulen und sonstigen Bildungseinrichtungen.

ISBN 978-3-87101-254-9   www.brigg-paedagogik.de

Inhaltsverzeichnis

Vorwort

Mit Beschluss vom 04. Dezember 2003 wurde die Einführung von Bildungsstandards für den Mittleren Schulabschluss beschlossen. Bildungsstandards sollen Bestandteile eines umfassenden Systems der Qualitätssicherung werden. Sie beschreiben erwartete Lernergebnisse und sollen Hinweise für notwendige Förderungsmaßnahmen geben.

Die Bildungsstandards für den Mittleren Schulabschluss thematisieren die mathematischen Kompetenzen, über die Schüler und Schülerinnen verfügen sollen:
K 1: Mathematisch argumentieren
K 2: Probleme mathematisch lösen
K 3: Mathematisch modellieren
K 4: Mathematische Darstellungen verwenden
K 5: Mit symbolischen, formalen und technischen Elementen der Mathematik umgehen
K 6: Kommunizieren

Diese beschriebenen allgemeinen mathematischen Kompetenzen werden in der Auseinandersetzung mit mathematischen Inhalten erworben. Diese Kompetenzen werden wiederum Leitideen zugeordnet. Folgende mathematischen Leitideen, die Inhalte verschiedener mathematischer Sachgebiete vereinigen, sind zu Grunde gelegt:
– Zahl
– Messen
– Raum und Form
– Funktionaler Zusammenhang
– Daten und Zufall

Zum Lösen mathematischer Aufgaben werden im Allgemeinen mathematische Kompetenzen in unterschiedlicher Ausprägung benötigt. Diesbezüglich lassen sich drei Anforderungsbereiche unterscheiden, wobei Anspruch und kognitive Komplexität jeweils zunehmen:
– Anforderungsbereich I: Reproduzieren
– Anforderungsbereich II: Zusammenhänge herstellen
– Anforderungsbereich III: Verallgemeinern und reflektieren

Der vorliegende Band will dem Lehrer / der Lehrerin helfen, die Ziele der Bildungsstandards Mathematik in die Praxis umzusetzen. Aufgaben verschiedener Schwierigkeitsgrade (I–IV) mit Angabe der jeweiligen Kompetenz und Leitidee sollen den Lehrer dabei unterstützen, den nötigen Förderbedarf zu bestimmen, um dann individuelle Hilfestellung leisten zu können.

Thema: Potenzrechnen			Name:	
Inhalt: Potenzgesetze		Schwierigkeitsgrad: I – IV	Kompetenz: 2, 3, 4, 5	Leitidee: 1

Große Zahlen, kleine Zahlen

Tera

Mega

10^{-12}

G

μ

10^3

m

Nano

Aufgabe 1 (I):

Bedienen Sie sich der Angaben und erstellen Sie eine vollständige Tabelle!

Mathematischer Begriff	Symbol	Potenzdarstellung	Zahlendarstellung
Kilo			
Mega			
Giga			
Tera			
Milli			
Mikro			
Nano			
Piko			

Aufgabe 2 (III):

Lösen Sie die folgenden Aufgaben!

a) $x^0 \cdot x^5 \cdot x^{-2} =$ _____ ;

b) $\left(a^4 b^3\right)^2 =$ _____ ;

c) $\sqrt[6]{8^4} =$ _____ ;

d) $\dfrac{x^9}{x^{-6}} =$ _____ ;

e) $\sqrt[5]{1024} : \sqrt[3]{125} + \dfrac{\sqrt[3]{27}}{\sqrt[9]{512}} - 5^{-2} =$ _____ ;

f) $a^x \cdot b^y \cdot a \cdot b^{3y} =$ _____ ;

g) $\left(m^2 z\right)^{-5} =$ _____ ;

h) $a^0 \cdot a^x \cdot a^y =$ _____ ;

i) $x^{n+1} \cdot x^n \cdot x^{n-1} =$ _____ ;

j) $\dfrac{60 a^8 \cdot 56 b^7 \cdot a^{-2}}{12 a^3 \cdot 7 b^6 \cdot 5 a^2} =$ _____ ;

k) $7^n = 2401 \rightarrow n =$ _____ ;

Aufgabe 3 (IV):

Lösen Sie die folgenden Aufgaben!

a) $x^m \cdot y^n \cdot x \cdot y^{2n} =$ _____ ;

b) $\left(a^2 b\right)^{-4} =$ _____ ;

c) $x^0 \cdot x^a \cdot x^b =$ _____ ;

d) $a^{n+1} \cdot a^n \cdot a^{n-1} =$ _____ ;

e) $\dfrac{a^{3x}}{a^{-x}} =$ _____ ;

f) $(-x)^5 \cdot \left(yx^2\right)^{-3} =$ _____ = _____ ;

g) $\sqrt{x^n} =$ _____ ;

h) $\log_6 1\,296 =$ ____ → _____ ;

i) $8^{\frac{2}{3}} =$ _____ = _____ = __ ;

j) $8^{-\frac{2}{3}} =$ _____ = _____ = _____ = __ ;

k) $\left(\sqrt[3]{a}\right)^2 =$ _____ = _____ ;

l) $a^{\frac{1}{x}} : b^{\frac{1}{x}} =$ _____ ;

m) $\left(\sqrt[n]{a}\right)^k =$ _____ = _____ ;

Aufgabe 4 (II):

Der Fixstern, der unserem Planetensystem im Weltall am nächsten ist, heißt Alpha Centauri.
Er ist 4,3 Lichtjahre von der Erde entfernt.
Wie weit ist er von der Erde entfernt, wenn die Strecke eines Lichtjahres $9{,}46 \cdot 10^{12}$ km beträgt?

Aufgabe 5 (II):

Vergleichen Sie die Fläche von Amerika ($41\,930\,000$ km^2) mit der Fläche von Afrika ($3{,}01 \cdot 10^7$ km^2)!

Aufgabe 6 (II):

Vergleichen Sie die Fläche der Sonne ($6{,}087 \cdot 10^{12}$ km^2) mit der Fläche Amerikas! Runden Sie sinnvoll!

Förderbedarf:

Freißler/Mayr: Bildungsstandards Mathematik 10. Klasse © Brigg Pädagogik Verlag GmbH, Augsburg

Thema: Potenzrechnen			Lösungsblatt	
Inhalt: Potenzgesetze		**Schwierigkeitsgrad:** I – IV	**Kompetenz:** 2, 3, 4, 5	**Leitidee:** 1

Große Zahlen, kleine Zahlen

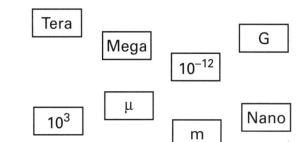

Aufgabe 1 (I):

Bedienen Sie sich der Angaben und erstellen Sie eine vollständige Tabelle!

Mathematischer Begriff	Symbol	Potenzdarstellung	Zahlendarstellung
Kilo	k	10^3	1.000
Mega	M	10^6	1.000.000
Giga	G	10^9	1.000.000.000
Tera	T	10^{12}	1.000.000.000.000
Milli	m	10^{-3}	0,001
Mikro	µ	10^{-6}	0,000 001
Nano	n	10^{-9}	0,000 000 001
Piko	p	10^{-12}	0,000 000 000 001

Aufgabe 2 (III):

Lösen Sie die folgenden Aufgaben!

a) $x^0 \cdot x^5 \cdot x^{-2} = $ _____ x^3 _____ ;

b) $\left(a^4 b^3\right)^2 = $ _____ $a^8 b^6$ _____ ;

c) $\sqrt[6]{8^4} = $ _____ 4 _____ ;

d) $\dfrac{x^9}{x^{-6}} = $ _____ x^{15} _____ ;

e) $\sqrt[5]{1024} : \sqrt[3]{125} + \dfrac{\sqrt[3]{27}}{\sqrt[9]{512}} - 5^{-2} = $ _____ $2{,}26$ _____ ;

f) $a^x \cdot b^y \cdot a \cdot b^{3y} = $ _____ $a^{x+1} \cdot b^{4y}$;

g) $\left(m^2 z\right)^{-5} = $ _____ $m^{-10} z^{-5}$;

h) $a^0 \cdot a^x \cdot a^y = $ _____ a^{x+y} ;

i) $x^{n+1} \cdot x^n \cdot x^{n-1} = $ _____ x^{3n} ;

j) $\dfrac{60a^8 \cdot 56b^7 \cdot a^{-2}}{12a^3 \cdot 7b^6 \cdot 5a^2} = $ _____ $8ab$;

k) $7^n = 2401 \rightarrow n = $ _____ 4

Aufgabe 3 (IV):

Lösen Sie die folgenden Aufgaben!

a) $x^m \cdot y^n \cdot x \cdot y^{2n} = \underline{x^{m+1} \cdot y^{3n}}$;

b) $\left(a^2 b\right)^{-4} = \underline{a^{-8} b^{-4}}$;

c) $x^0 \cdot x^a \cdot x^b = \underline{x^{a+b}}$;

d) $a^{n+1} \cdot a^n \cdot a^{n-1} = \underline{a^{3n}}$;

e) $\dfrac{a^{3x}}{a^{-x}} = \underline{a^{4x}}$;

f) $(-x)^5 \cdot \left(yx^2\right)^{-3} = \underline{-x^5 \cdot y^{-3} \cdot x^{-6}} = \underline{-x^{-1} \cdot y^{-3}}$;

g) $\sqrt{x^n} = \underline{x^{\frac{n}{2}}}$;

h) $\log_6 1\,296 = \underline{4} \rightarrow \underline{6^4 = 1\,296}$;

i) $8^{\frac{2}{3}} = \underline{\sqrt[3]{8^2}} = \underline{\sqrt[3]{64}} = \underline{4}$;

j) $8^{-\frac{2}{3}} = \underline{\sqrt[3]{8^{-2}}} = \underline{\sqrt[3]{\dfrac{1}{8^2}}} = \underline{\sqrt[3]{\dfrac{1}{64}}} = \underline{\dfrac{1}{4}}$;

k) $\left(\sqrt[3]{a}\right)^2 = \underline{\sqrt[3]{a} \cdot \sqrt[3]{a}} = \underline{\sqrt[3]{a^2}}$

l) $a^{\frac{1}{x}} : b^{\frac{1}{x}} = \underline{\left(\dfrac{a}{b}\right)^{\frac{1}{x}}}$;

m) $\left(\sqrt[n]{a}\right)^k = \underline{a^{\frac{k}{n}}} = \underline{\sqrt[n]{a^k}}$

Aufgabe 4 (II):

Der Fixstern, der unserem Planetensystem im Weltall am nächsten ist, heißt Alpha Centauri.
Er ist 4,3 Lichtjahre von der Erde entfernt.
Wie weit ist er von der Erde entfernt, wenn die Strecke eines Lichtjahres $9{,}46 \cdot 10^{12}$ km beträgt?

$$4{,}3 \cdot 9{,}46 \cdot 10^{12} \text{ km} \approx \underline{4{,}0678^{13} \text{ km}}$$

$$\approx \underline{40\,678\,000\,000\,000 \text{ km}}$$

Aufgabe 5 (II):

Vergleichen Sie die Fläche von Amerika ($41\,930\,000$ km^2) mit der Fläche von Afrika ($3{,}01 \cdot 10^7$ km^2)!

$$\frac{4{,}193 \cdot 10^7}{3{,}01 \cdot 10^7} \approx \underline{1{,}39}$$

Amerika ist ca. eineinhalbmal so groß wie Afrika.

Aufgabe 6 (II):

Vergleichen Sie die Fläche der Sonne ($6{,}087 \cdot 10^{12}$ km^2) mit der Fläche Amerikas! Runden Sie sinnvoll!

$$\frac{6{,}087 \cdot 10^{12}}{4{,}193 \cdot 10^7} \approx \underline{150\,000}$$

Die Oberfläche der Sonne ist ca. 200 000-mal so groß wie die Fläche Amerikas.

Förderbedarf:

Thema: Wachstumsprozesse			Name:	
Inhalt: Biologisches Wachstum		**Schwierigkeitsgrad:** I – III	**Kompetenz:** 2, 3, 4, 5	**Leitidee:** 4

Naherholungsgebiet in Planung

Eine Gemeinde plant, das Gelände um einen ehemaligen Baggersee zu einem Naherholungszentrum auszubauen. Dazu wird zunächst ein kleiner See erweitert. Jede Woche vergrößern Bagger die Wasserfläche von anfänglich 800 m² um 400 m². Eine schnell wachsende Algenart bereitet Schwierigkeiten. Sie verdoppelt jede Woche ihre Fläche. Zu Beginn waren rund 100 m² betroffen.

Aufgabe 1 (II):

a) Ermitteln Sie die Funktionsgleichungen für beide Wachstumsprozesse!
   Erstellen Sie jeweils eine Wertetabelle!
   Stellen Sie die Vergrößerung der Seefläche durch die Bagger und das Algenwachstum graphisch dar!
   (x-Achse: 1 Woche = 1 cm; y-Achse: 400 m² = 1 cm).

b) Nach wie vielen Wochen ist der mittlerweile neu ausgebaggerte See bereits völlig von Algen befallen?

Aufgabe 2 (III):

Zu Beginn einer bakteriologischen Untersuchung werden 80 Bakterien gezählt.
Innerhalb von 6 Stunden verdoppelt sich ihre Anzahl.
a) Erstellen Sie eine Wertetabelle für die ersten 24 Stunden in 6-Stunden-Intervallen!
b) Zeichnen Sie den Wachstumsprozess in ein geeignetes Koordinatensystem!
c) Wie viele Bakterien sind nach einer Woche vorhanden?
   Lösen Sie mithilfe einer Funktionsgleichung!
   Geben Sie das Ergebnis sowohl als Zehnerpotenz als auch in Langform an!

Aufgabe 3 (II):

Ein Virenart verdoppelt ihre Zahl pro Stunde. Momentan befinden sich 512 Viren im Körper eines Menschen.
a) Wie hoch ist die Zahl der Viren in 5 Stunden?
b) Wie hoch war die Zahl der Viren vor 3 Stunden?

Förderbedarf:

Freißler/Mayr: Bildungsstandards Mathematik 10. Klasse © Brigg Pädagogik Verlag GmbH, Augsburg

Thema: Wachstumsprozesse	Lösungsblatt		
Inhalt: Biologisches Wachstum	**Schwierigkeitsgrad:** I – III	**Kompetenz:** 2, 3, 4, 5	**Leitidee:** 4

Naherholungsgebiet in Planung

Eine Gemeinde plant, das Gelände um einen ehemaligen Baggersee zu einem Naherholungszentrum auszubauen. Dazu wird zunächst ein kleiner See erweitert. Jede Woche vergrößern Bagger die Wasserfläche von anfänglich 800 m² um 400 m². Eine schnell wachsende Algenart bereitet Schwierigkeiten. Sie verdoppelt jede Woche ihre Fläche. Zu Beginn waren rund 100 m² betroffen.

Aufgabe 1 (II):

a) Ermitteln Sie die Funktionsgleichungen für beide Wachstumsprozesse!
   Erstellen Sie jeweils eine Wertetabelle!
   Stellen Sie die Vergrößerung der Seefläche durch die Bagger und das Algenwachstum graphisch dar!
   (x-Achse: 1 Woche = 1 cm; y-Achse: 400 m² = 1 cm).

b) Nach wie vielen Wochen ist der mittlerweile neu ausgebaggerte See bereits völlig von Algen befallen?

a) $y = 400x + 800$:

1	2	3	4	5	6
1 200	1 600	2 000	2 400	2 800	3 200

$y = 100 \cdot 2^x$:

1	2	3	4	5	6
200	400	800	1 600	3 200	6 400

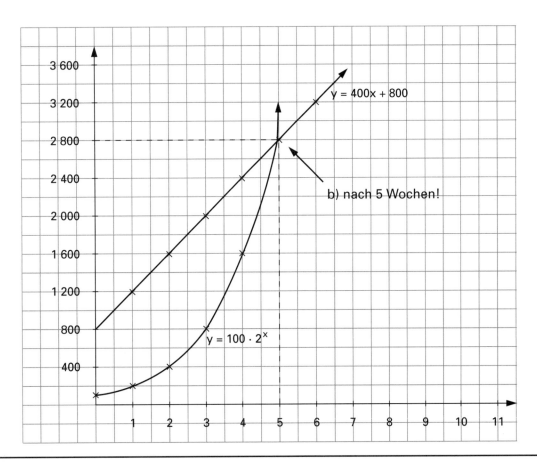

Aufgabe 2 (III):

Zu Beginn einer bakteriologischen Untersuchung werden 80 Bakterien gezählt.
Innerhalb von 6 Stunden verdoppelt sich ihre Anzahl.
a) Erstellen Sie eine Wertetabelle für die ersten 24 Stunden in 6-Stunden-Intervallen!
b) Zeichnen Sie den Wachstumsprozess in ein geeignetes Koordinatensystem!
c) Wie viele Bakterien sind nach einer Woche vorhanden?
   Lösen Sie mithilfe einer Funktionsgleichung!
   Geben Sie das Ergebnis sowohl als Zehnerpotenz als auch in Langform an!

a)

h	0	6	12	18	24
B	80	160	320	640	1 280

b)

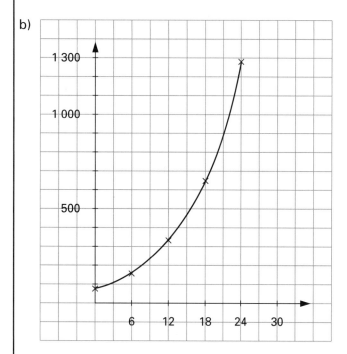

c) $y = n \cdot a^x$

$y = 80 \cdot 2^{28}$ $[7 \cdot (24 : 6)] = 28$

$y = \underline{\underline{2{,}147483648 \cdot 10^{10}}}$

$= \underline{\underline{21\,474\,836\,480 \text{ Bakterien}}}$

Aufgabe 3 (II):

Ein Virenart verdoppelt ihre Zahl pro Stunde. Momentan befinden sich 512 Viren im Körper eines Menschen.
a) Wie hoch ist die Zahl der Viren in 5 Stunden?
b) Wie hoch war die Zahl der Viren vor 3 Stunden?

a) $y = n \cdot a^x$

$y = 512 \cdot 2^5$

$y = \underline{\underline{16\,384}}$

b) $y = n \cdot a^x$

$y = 512 \cdot 2^{-3}$

$y = \underline{\underline{64}}$

Förderbedarf:

Thema: Wachstumsprozesse		Name:		
Inhalt: Bevölkerungswachstum	Schwierigkeitsgrad: I – IV	Kompetenz: 1, 2, 5	Leitidee: 1, 4	

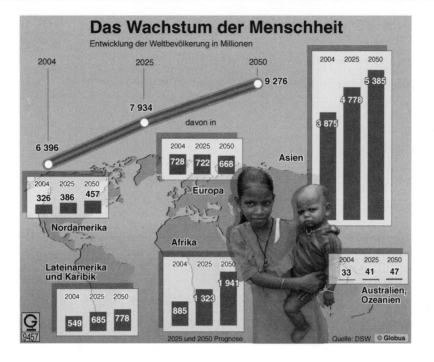

Aufgabe 1 (I):

a) Welcher Erdteil weist das größte absolute Wachstum in den Jahren 2004–2050 auf?

b) Wie hoch ist der prozentuale Anstieg?

c) Wie hoch ist die Wachstumsrate pro Jahr?

d) Um wievielmal höher ist die Wachstumsrate von 2004 bis 2025 im Vergleich zur Wachstumsrate von 2025 bis 2050?

Aufgabe 2 (II):

Direktor Hoffmann analysiert die Umsatzentwicklung seiner Firma von 1990 bis 2005.
Er meint, eine Steigerung von 20 Millionen auf 35 Millionen sei ein recht ordentlicher Erfolg: immerhin eine Steigerung von 5 % pro Jahr.

a) Beurteilen Sie die Aussage des Direktors:
Die Aussage ist richtig/falsch, weil

☐ er die Entwicklung als lineares Wachstum auffasst

☐ er die Entwicklung als exponentielles Wachstum auffasst

b) Belegen Sie Ihre Meinung mit der Berechnung!

c) Stellen Sie die logische Folgefrage und berechnen Sie!

Aufgabe 3 (III):

Eine Firma möchte ihre Exportquote bei einer Steigerung von 24,5 % pro Jahr verdreifachen. Wie viele Jahre braucht sie dazu? Stellen Sie die Berechnung an einem frei gewählten Beispiel dar! Rechnen Sie mit dem Logarithmus!

Förderbedarf:

Thema: Wachstumsprozesse		Lösungsblatt	
Inhalt: Bevölkerungswachstum	**Schwierigkeitsgrad:** I – IV	**Kompetenz:** 1, 2, 5	**Leitidee:** 1, 4

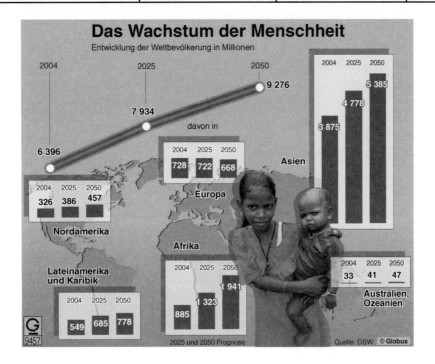

Aufgabe 1 (I):

a) Welcher Erdteil weist das größte absolute Wachstum in den Jahren 2004–2050 auf?

b) Wie hoch ist der prozentuale Anstieg?

c) Wie hoch ist die Wachstumsrate pro Jahr?

d) Um wievielmal höher ist die Wachstumsrate von 2004 bis 2025 im Vergleich zur Wachstumsrate von 2025 bis 2050?

a) Asien: 5 385 Mio. – 3 875 Mio. = <u>1 510 Mio.</u>

b) 3 875 = 100 %

   38,75 = 1 %

   1 510 ≈ <u>39 %</u>

$$PS = \frac{1\,510 \cdot 100}{3\,875}$$

$$PS \approx \underline{39\,\%}$$

c) $5{,}385 = 3{,}875 \cdot q^{46}$ | : 3,875

   $1{,}390 \approx q^{46}$ | $\sqrt[46]{}$

   $1{,}007 \approx q$ → <u>p = 0,7 %</u>

d) $4\,778 = 3\,875 \cdot q^{21}$ | : 3,875 $5\,385 = 4\,778 \cdot q^{26}$ | : 4 778

   $1{,}233 \approx q^{21}$ | $\sqrt[21]{}$ $1{,}127 \approx q^{26}$ | $\sqrt[26]{}$

   $1{,}01 \approx q$ → <u>p = 1 %</u> $1{,}0046 \approx q$ → <u>p = 0,46 %</u>

   → ca. doppelt so hoch!

Aufgabe 2 (II):

Direktor Hoffmann analysiert die Umsatzentwicklung seiner Firma von 1990 bis 2005.
Er meint, eine Steigerung von 20 Millionen auf 35 Millionen sei ein recht ordentlicher Erfolg: immerhin eine Steigerung von 5 % pro Jahr.

a) Beurteilen Sie die Aussage des Direktors:
Die Aussage ist ~~richtig~~/falsch, weil

☒ er die Entwicklung als lineares Wachstum auffasst

☐ er die Entwicklung als exponentielles Wachstum auffasst

b) Belegen Sie Ihre Meinung mit der Berechnung!

$$y = n \cdot a^x \qquad\qquad 1{,}75 = a^{15} \mid \sqrt[15]{\ }$$

$$35 = 20 \cdot a^{15} \mid : 20 \qquad 1{,}038 = a \quad \rightarrow \quad \underline{p = 3{,}8\,\%}$$

c) Stellen Sie die logische Folgefrage und berechnen Sie!

Wie hoch wäre der Umsatz bei der angenommenen Steigerung von 5 % pro Jahr?

$$y = 20 \cdot 1{,}05^{15} \quad [\text{Mio.}]$$

$$y = \underline{41{,}6\,[\text{Mio}]}$$

Aufgabe 3 (III):

Eine Firma möchte ihre Exportquote bei einer Steigerung von 24,5 % pro Jahr verdreifachen. Wie viele Jahre braucht sie dazu? Stellen Sie die Berechnung an einem frei gewählten Beispiel dar! Rechnen Sie mit dem Logarithmus!

$$18\,000 = 6\,000 \cdot 1{,}245^x \mid : 6\,000$$

$$3 = 1{,}245^x \quad \rightarrow \quad \frac{\log 3}{\log 1{,}245} \approx \underline{\underline{5\,[\text{Jahre}]}}$$

Förderbedarf:

Freißler/Mayr: Bildungsstandards Mathematik 10. Klasse © Brigg Pädagogik Verlag GmbH, Augsburg

Thema: Wachstumsprozesse	Name:		
Inhalt: Kapitalwachstum	Schwierigkeitsgrad: I – III	Kompetenz: 1, 2, 5	Leitidee: 4

Geldgeschenke

 Wolfgang bekommt zum 10. Geburtstag von seiner Oma einen Sparbrief über 3 000 € geschenkt. Der Zinssatz beträgt 4,25 % über die Laufzeit von 8 Jahren. Die Zinsen bleiben jeweils auf dem Konto und werden mitverzinst.

Aufgabe 1 (I):

a) Wie viele € bekommt Wolfgang an seinem 18. Geburtstag ausbezahlt?
   (Runde sinnvoll!)
b) Wie hoch sind die Zinsen für den gesamten Zeitraum?
c) Wie hoch ist die Gesamtverzinsung (in Prozent)?

Aufgabe 2 (II):

Frau Schneider hat sich einen Sparbrief bei ihrer Bank gekauft.
Der Zinssatz pro Jahr bleibt über die ganze Laufzeit von 5 Jahren gleich.
Die Zinsen bleiben jeweils auf dem Konto und werden mitverzinst.
Die Bank berechnet die nebenstehenden Kontostände für das jeweilige Jahresende voraus.

a) Wie hoch ist der vereinbarte Zinssatz?
b) Über wie viele € lautet der Sparbrief?
c) Welches Endkapital wäre nach 10 Jahren zu erzielen?

Jahr	Kapital (€)
nach 1 J.	8 380
nach 2 J.	8 778,05
nach 3 J.	9 195,01
nach 4 J.	9 631,77
nach 5 J.	10 089,28

Aufgabe 3 (II):

Herr Stoll möchte 20 000 € gewinnbringend anlegen. Die Bank unterbreitet ihm zwei Vorschläge:

Anlage A:

Sparbrief mit 3,3 % Zinsen über eine Laufzeit von 7 Jahren

Anlage B:

Bundesschatzbriefe mit einer Laufzeit von 7 Jahren mit gestaffeltem Zinssatz: 1. Jahr: 2,5 %   2. Jahr: 2,75 %   3. Jahr: 3,25 % 4. Jahr: 3,75 %   5. Jahr: 4,25 %   6. Jahr: 4,5 % 7. Jahr 4,5 %

Herr Stoll rechnet so:

Angebot A: $20\,000 \cdot 0{,}033 \cdot 7 = $ __4 620__ $20\,000 + 4\,620 = $ __24 620__

Angebot B: $(2{,}5 + 2{,}75 + 3{,}25 + 3{,}75 + 4{,}25 + 4{,}5 + 4{,}5) : 7 \approx $ __3,6 [%]__

$\qquad 20\,000 \cdot 0{,}036 \cdot 7 = $ __5 040__ $20\,000 + 5\,040 = $ __25 040__

Ist seine Rechnung richtig?

Aufgabe 4 (III):

Herr Braun legt 12 000 € zu einem Zinssatz von 4 % für sechs Jahre an. Die Zinsen werden jedes Jahr gutgeschrieben und mitverzinst.
a) Wie hoch ist das Endkapital nach 6 Jahren?
b) Nach wie vielen Jahren hätte sich das Kapital bei sonst gleichen Bedingungen verdoppelt?
c) Welchen festen Zinssatz hat Herr Braun erhalten, wenn er nach 6 Jahren ein Endkapital von 19 086,29 € erreicht?

Förderbedarf:

Freißler/Mayr: Bildungsstandards Mathematik 10. Klasse © Brigg Pädagogik Verlag GmbH, Augsburg

Thema: Wachstumsprozesse	Lösungsblatt		
Inhalt: Kapitalwachstum	**Schwierigkeitsgrad:** I – III	**Kompetenz:** 1, 2, 5	**Leitidee:** 4

Geldgeschenke

Wolfgang bekommt zum 10. Geburtstag von seiner Oma einen Sparbrief über 3 000 € geschenkt. Der Zinssatz beträgt 4,25 % über die Laufzeit von 8 Jahren. Die Zinsen bleiben jeweils auf dem Konto und werden mitverzinst.

Aufgabe 1 (I):

a) Wie viele € bekommt Wolfgang an seinem 18. Geburtstag ausbezahlt? (Runde sinnvoll!)
b) Wie hoch sind die Zinsen für den gesamten Zeitraum?
c) Wie hoch ist die Gesamtverzinsung (in Prozent)?

a) $K_n = K_0 \cdot q_n$

$K_n = 3\,000 \cdot 1{,}0425^8$

$K_n = \underline{\underline{4\,185{,}33}}$

b) $4\,185{,}33 - 3\,000 = \underline{\underline{1\,185{,}33\ [€]}}$

c) $PS = \dfrac{1\,185{,}33 \cdot 100}{3\,000}$

$PS = \underline{\underline{39{,}5\,\%}}$

Aufgabe 2 (II):

Frau Schneider hat sich einen Sparbrief bei ihrer Bank gekauft.
Der Zinssatz pro Jahr bleibt über die ganze Laufzeit von 5 Jahren gleich.
Die Zinsen bleiben jeweils auf dem Konto und werden mitverzinst.
Die Bank berechnet die nebenstehenden Kontostände für das jeweilige Jahresende voraus.

Jahr	Kapital (€)
nach 1 J.	8 380
nach 2 J.	8 778,05
nach 3 J.	9 195,01
nach 4 J.	9 631,77
nach 5 J.	10 089,28

a) Wie hoch ist der vereinbarte Zinssatz?
b) Über wie viele € lautet der Sparbrief?
c) Welches Endkapital wäre nach 10 Jahren zu erzielen?

a) $p = \left(\dfrac{8\,778{,}05}{8\,380} - 1 \right) \cdot 100$

$p = \underline{\underline{4{,}75\,\%}}$

b) $8\,380\ € : 1{,}0475 = \underline{\underline{8\,000\ €}}$

c) $K_n = K_0 \cdot q^n$

$K_n = 8\,000\ € \cdot 1{,}0475^{10}$

$K_n = \underline{\underline{12\,724{,}20\ €}}$

Aufgabe 3 (II):

Herr Stoll möchte 20 000 € gewinnbringend anlegen. Die Bank unterbreitet ihm zwei Vorschläge:

Anlage A:

Sparbrief mit 3,3 % Zinsen über eine Laufzeit von 7 Jahren

Anlage B:

Bundesschatzbriefe mit einer Laufzeit von 7 Jahren mit gestaffeltem Zinssatz:
1. Jahr: 2,5 %   2. Jahr: 2,75 %   3. Jahr: 3,25 %
4. Jahr: 3,75 %   5. Jahr: 4,25 %   6. Jahr: 4,5 %
7. Jahr 4,5 %

Herr Stoll rechnet so:

Angebot A: $20\,000 \cdot 0{,}033 \cdot 7 = \underline{4\,620}$ $20\,000 + 4\,620 = \underline{24\,620}$

Angebot B: $(2{,}5 + 2{,}75 + 3{,}25 + 3{,}75 + 4{,}25 + 4{,}5 + 4{,}5) : 7 \approx \underline{3{,}6\,[\%]}$

$20\,000 \cdot 0{,}036 \cdot 7 = \underline{5\,040}$ $20\,000 + 5\,040 = \underline{25\,040}$

Ist seine Rechnung richtig?

Angebot A ist richtig berechnet, Angebot B falsch. Bei gestaffelten Zinssätzen darf kein Durchschnittswert gebildet werden. Die richtige Rechnung wäre:

$20\,000 \cdot 1{,}025 \cdot 1{,}0275 \cdot 1{,}0325 \cdot 1{,}0375 \cdot 1{,}0425 \cdot 1{,}045 \cdot 1{,}045 \approx 25\,687,54\,[€]$

Aufgabe 4 (III):

Herr Braun legt 12 000 € zu einem Zinssatz von 4 % für sechs Jahre an. Die Zinsen werden jedes Jahr gutgeschrieben und mitverzinst.
a) Wie hoch ist das Endkapital nach 6 Jahren?
b) Nach wie vielen Jahren hätte sich das Kapital bei sonst gleichen Bedingungen verdoppelt?
c) Welchen festen Zinssatz hat Herr Braun erhalten, wenn er nach 10 Jahren ein Endkapital von 19 086,29 € erreicht?

a) $K_n = K_0 \cdot q^n$

b) Lösungsweg 1: $p \cdot n = 70 \rightarrow n = \frac{70}{4} \approx \underline{17{,}5}$

$K_n = 12\,000 \cdot 1{,}04^6$

Lösungsweg 2: $\dfrac{\log 2}{\log 1{,}04} \approx \underline{\underline{17{,}7}}$

$K_n = \underline{15\,183,83}$

c) $p = \left(\sqrt[10]{\dfrac{19\,086{,}29}{12\,000}} - 1 \right) \cdot 100 \approx \underline{4{,}75\,\%}$

Förderbedarf:

Thema: Abnahmeprozesse	Name:		
Inhalt: Allgemeine Abnahmeprozesse	**Schwierigkeitsgrad:** I – III	**Kompetenz:** 1, 2, 4	**Leitidee:** 4

Traumwagen

Ein Sportwagen kostete vor fünf Jahren 120 000 €. Jetzt hat er noch einen Wert von 42 000 €.

Aufgabe 1 (I):

a) Wie hoch (in Prozent) ist der Wertverlust insgesamt am Ende der fünf Jahre?

b) Berechnen Sie den jährlichen prozentualen Wertverlust des Sportwagens!

c) In Wirklichkeit verlor der Sportwagen anfangs schneller an Wert.
So betrug die Wertminderung im ersten Jahr 24 %, im zweiten Jahr 20 % und im dritten Jahr 18 %.
Welchen Wert hatte der Sportwagen nach drei Jahren? Runden Sie sinnvoll!

d) Berechnen Sie den jährlichen Wertverlust für die zwei letzten Jahre!

Aufgabe 2 (II):

Entnehmen Sie aus der folgenden Berechnung die Aufgabenstellung:

a) $5\,000 \cdot 0{,}6^7 = 139{,}968 \approx \underline{140}$

b) $\dfrac{140 \cdot 100}{5\,000} = \underline{\underline{2{,}8}}$

c) $752{,}9 : 0{,}6^{3,5} = \underline{\underline{4\,500}}$

In einem See verringert sich je 1 m Wassertiefe die Beleuchtungsstärke um _____ %

An der Oberfläche zeigt ein Belichtungsmesser _____ Lux.

a) Wie groß ist die Beleuchtungsstärke in _____ m Tiefe?

b) Wie viel % der _____ sind dies noch?

c) Wie hoch war die Beleuchtungsstärke, wenn in _____ m Tiefe noch 752,9 Lux gemessen werden?

Aufgabe 3 (III):

Der Luftdruck auf Meereshöhe beträgt ca. 996 Hektopascal (hPa).

Mit jedem Kilometer Höhe nimmt er um ca. $\frac{1}{8}$ ab (Hinweis: keine lineare Abnahme!)

a) Um wie viel Prozent sinkt der Luftdruck in 2 800 m Höhe?

b) Wie viel hPa beträgt der Luftdruck auf dem höchsten Berg der Erde, dem Mount Everest mit 8 848 m? Runden Sie die Lösung auf einen Bruchteil!

c) In welcher Höhe über dem Meer beträgt der Luftdruck nur noch die Hälfte?

Förderbedarf:

Freißler/Mayr: Bildungsstandards Mathematik 10. Klasse © Brigg Pädagogik Verlag GmbH, Augsburg

Thema: Abnahmeprozesse		Lösungsblatt	
Inhalt: Allgemeine Abnahmeprozesse	Schwierigkeitsgrad: I – III	Kompetenz: 1, 2, 4	Leitidee: 4

Traumwagen

Ein Sportwagen kostete vor fünf Jahren 120 000 €. Jetzt hat er noch einen Wert von 42 000 €.

Aufgabe 1 (I):

a) Wie hoch (in Prozent) ist der Wertverlust insgesamt am Ende der fünf Jahre?

b) Berechnen Sie den jährlichen prozentualen Wertverlust des Sportwagens!

c) In Wirklichkeit verlor der Sportwagen anfangs schneller an Wert.
So betrug die Wertminderung im ersten Jahr 24 %, im zweiten Jahr 20 % und im dritten Jahr 18 %.
Welchen Wert hatte der Sportwagen nach drei Jahren? Runden Sie sinnvoll!

d) Berechnen Sie den jährlichen Wertverlust für die zwei letzten Jahre!

a) $PS = \dfrac{PW \cdot 100}{GW} = \dfrac{42\,000 \cdot 100}{120\,000} = \underline{\underline{35\,\%}}$

$\rightarrow \quad 65\,\%$ Wertverlust

b) $42\,000 = 120\,000 \cdot q^5 \quad | : 120\,000$

$\quad 0{,}35 \approx q^5 \qquad \quad |\sqrt[5]{}$

$\quad \underline{0{,}81 \approx q} \quad \rightarrow \quad \underline{p = 19\,\%}$

c) $120\,000 \cdot 0{,}76 \cdot 0{,}80 \cdot 0{,}82 = 59\,827{,}20$

$\approx \underline{\underline{59\,800}}$

d) $42\,000 = 59\,800 \cdot q^2 \quad | : 59\,800$

$\quad 0{,}70 \approx q^2 \qquad \quad |\sqrt{}$

$\quad \underline{0{,}84 \approx q} \quad \rightarrow \quad \underline{p = 16\,\%}$

Aufgabe 2 (II):

Entnehmen Sie aus der folgenden Berechnung die Aufgabenstellung:

$$\text{a) } 5\,000 \cdot 0{,}6^7 = 139{,}968 \approx \underline{\ 140\ }$$

$$\text{b) } \frac{140 \cdot 100}{5\,000} = \underline{\underline{2{,}8}} \qquad\qquad \text{c) } 752{,}9 : 0{,}6^{3{,}5} = \underline{\ 4\,500\ }$$

In einem See verringert sich je 1 m Wassertiefe die Beleuchtungsstärke um $\underline{\ 40\ }$ %

An der Oberfläche zeigt ein Belichtungsmesser $\underline{\ 5\,000\ }$ Lux.

a) Wie groß ist die Beleuchtungsstärke in $\underline{\ 7\ }$ m Tiefe?

b) Wie viel % der $\underline{\qquad\text{ursprünglichen Beleuchtungsstärke}\qquad}$ sind dies noch?

c) Wie hoch war die Beleuchtungsstärke, wenn in $\underline{\ 3{,}5\ }$ m Tiefe noch 752,9 Lux gemessen werden?

Aufgabe 3 (III):

Der Luftdruck auf Meereshöhe beträgt ca. 996 Hektopascal (hPa).
Mit jedem Kilometer Höhe nimmt er um ca. $\frac{1}{8}$ ab (Hinweis: keine lineare Abnahme!)

a) Um wie viel Prozent sinkt der Luftdruck in 2 800 m Höhe?

b) Wie viel hPa beträgt der Luftdruck auf dem höchsten Berg der Erde, dem Mount Everest mit 8 848 m?
   Runden Sie die Lösung auf einen Bruchteil!

c) In welcher Höhe über dem Meer beträgt der Luftdruck nur noch die Hälfte?

$$\text{a) } 996 \text{ hPa} \cdot 0{,}875^{2{,}8} \approx \underline{\ 685 \text{ hPa}\ }$$

$$PS = \frac{685 \cdot 100}{996} \approx \underline{\underline{68{,}8\,\%}} \quad \rightarrow \quad \underline{\text{Der Luftdruck ist um 31,2 % gesunken.}}$$

$$\text{b) } 996 \cdot 0{,}875^{8{,}848} \approx 306 \quad \rightarrow \quad \underline{\underline{\text{ca. } \tfrac{1}{3}}}$$

$$\text{c) } \frac{\log 0{,}5}{\log 0{,}875} \cdot 1\,000 \approx \underline{\ 5\,190 \text{ m}\ }$$

Förderbedarf:

 Freißler/Mayr: Bildungsstandards Mathematik 10. Klasse © Brigg Pädagogik Verlag GmbH, Augsburg

Thema: Abnahmeprozesse		Name:	
Inhalt: Radioaktiver Zerfall	**Schwierigkeitsgrad:** I – III	**Kompetenz:** 1, 2, 3, 4, 5, 6	**Leitidee:** 4

Vorsicht! Radioaktiv!

 Ursache radioaktiver Strahlung sind Umwandlungs- oder Zerfallsprozesse des radioaktiven Stoffes, wodurch sich ständig dessen Menge verringert. Den Zeitraum, in dem die Hälfte des radioaktiven Stoffes zerfällt, nennt man Halbwertszeit. Jeder radioaktive Stoff hat eine für Ihn typische Halbwertszeit. Beim Zerfall der Stoffe entstehen gefährliche Strahlungen.

Stoff	HWZ	Stoff	HWZ	Stoff	HWZ
Uran-238	4,5 Mrd. Jahre	Strontium-90	20 Jahre	Plutonium-244	76 Mio. Jahre
Plutonium-241	13 Jahre	Plutonium-239	24 000 Jahre	Cobalt-60	5 Jahre
Kohlenstoff-14	5 730 Jahre	Thorium-228	2 Jahre	Radium-226	1 620 Jahre
Jod-131	8 Tage	Cäsium-137	30 Jahre	Polonium-218	3 min

Aufgabe 1 (I):

Entnehmen Sie die HWZ des Stoffes Radium aus der Übersicht und ergänzen Sie die Tabelle!

Zeit (Jahre)	Beginn des Zerfalls	1 620			6 480
Menge (g)	48			6	

Ergänzen Sie die verschiedenen Möglichkeiten der Berechnung!

1. $48 \cdot \dfrac{1}{2} \cdot \boxed{} \cdot \boxed{} \cdot \boxed{} = \boxed{}$ $\qquad 48 \cdot \left(\dfrac{1}{2}\right)^4 = 3$

2. $48 \cdot \boxed{} \cdot \boxed{} \cdot \boxed{} \cdot \boxed{} = \boxed{}$ $\qquad 48 \cdot 2^{-4} = 3$

3. $48 \cdot \left(\dfrac{1}{2}\right)^4 = \dfrac{48}{\boxed{}} = \dfrac{48}{\boxed{}} = \boxed{3}$

Aufgabe 2 (II):

Uran hat eine HWZ von $4,5 \cdot 10^9$ Jahren.

a) Notieren Sie die Halbwertszeit ohne Zehnerpotenz!

b) Nach wie vielen Jahren sind von 1 g Uran-238 noch 0,25 g vorhanden? Rechnen Sie im Kopf!

c) Wie lang dauert der Zerfallsprozess, wenn von 8 g Uran noch $\dfrac{1}{8}$ g vorhanden ist?

Aufgabe 3 (II):

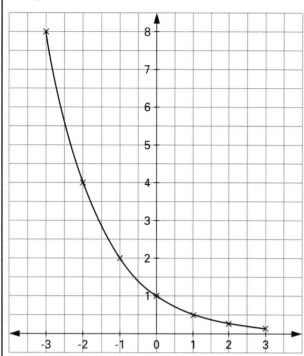

a) Wie lautet die Funktionsgleichung?
b) Was wird mit der x-Achse dargestellt?
c) Um welchen Stoff handelt es sich?

Aufgabe 4 (III):

Radium hat eine Halbwertszeit von 1 620 Jahren.
a) Ermitteln Sie mithilfe einer Wertetabelle, nach welcher Zeit von 100 g Radium weniger als 10 g radio-aktiver Stoff vorhanden sind!
b) Zeichnen Sie die Zerfallskurve in ein geeignetes Koordinatensystem!
c) Wie viel Gramm von ursprünglich 400 g radioaktivem Material sind nach einer Zeit von 13 365 Jahren noch nachweisbar?

Förderbedarf:

Freißler/Mayr: Bildungsstandards Mathematik 10. Klasse © Brigg Pädagogik Verlag GmbH, Augsburg

Thema: Abnahmeprozesse		Lösungsblatt	
Inhalt: Radioaktiver Zerfall	**Schwierigkeitsgrad:** I – III	**Kompetenz:** 1, 2, 3, 4, 5, 6	**Leitidee:** 4

Vorsicht! Radioaktiv!

Ursache radioaktiver Strahlung sind Umwandlungs- oder Zerfallsprozesse des radioaktiven Stoffes, wodurch sich ständig dessen Menge verringert. Den Zeitraum, in dem die Hälfte des radioaktiven Stoffes zerfällt, nennt man Halbwertszeit. Jeder radioaktive Stoff hat eine für Ihn typische Halbwertszeit. Beim Zerfall der Stoffe entstehen gefährliche Strahlungen.

Stoff	HWZ	Stoff	HWZ	Stoff	HWZ
Uran-238	4,5 Mrd. Jahre	Strontium-90	20 Jahre	Plutonium-244	76 Mio. Jahre
Plutonium-241	13 Jahre	Plutonium-239	24 000 Jahre	Cobalt-60	5 Jahre
Kohlenstoff-14	5 730 Jahre	Thorium-228	2 Jahre	Radium-226	1 620 Jahre
Jod-131	8 Tage	Cäsium-137	30 Jahre	Polonium-218	3 min

Aufgabe 1 (I):

Entnehmen Sie die HWZ des Stoffes Radium aus der Übersicht und ergänzen Sie die Tabelle!

Zeit (Jahre)	Beginn des Zerfalls	1 620	3 240	4 860	6 480
Menge (g)	48	24	12	6	3

Ergänzen Sie die verschiedenen Möglichkeiten der Berechnung!

1. $48 \cdot \dfrac{1}{2} \cdot \boxed{\dfrac{1}{2}} \cdot \boxed{\dfrac{1}{2}} \cdot \boxed{\dfrac{1}{2}} = \boxed{3}$ $48 \cdot \left(\dfrac{1}{2}\right)^4 = 3$

2. $48 \cdot \boxed{2^{-1}} \cdot \boxed{2^{-1}} \cdot \boxed{2^{-1}} \cdot \boxed{2^{-1}} = \boxed{3}$ $48 \cdot 2^{-4} = 3$

3. $48 \cdot \left(\dfrac{1}{2}\right)^4 = \dfrac{48}{\boxed{2^4}} = \dfrac{48}{\boxed{16}} = \boxed{3}$

Aufgabe 2 (II):

Uran hat eine HWZ von $4,5 \cdot 10^9$ Jahren.

a) Notieren Sie die Halbwertszeit ohne Zehnerpotenz!

b) Nach wie vielen Jahren sind von 1 g Uran-238 noch 0,25 g vorhanden? Rechnen Sie im Kopf!

c) Wie lang dauert der Zerfallsprozess, wenn von 8 g Uran noch $\dfrac{1}{8}$ g vorhanden ist?

a) 4 500 000 000

b) 1 g : 2 = 0,5 g : 2 = 0,25 g

   2 HWZ $\widehat{=}$ 9 Mrd. Jahre

c) $N_Z = N_0 \cdot 0,5^t$

   $0,125 = 8 \cdot 0,5^t \ | : 8$

   $0,015625 = 0,5^t$

   $\rightarrow \dfrac{\log 0,015625}{\log 0,5} = 6$

   $\rightarrow 6 \cdot 4,5 \text{ Mrd.} \widehat{=} 27 \text{ Mrd. Jahre}$

Aufgabe 3 (II):

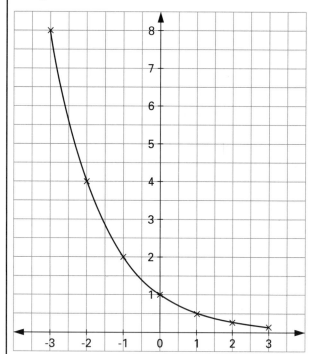

a) Wie lautet die Funktionsgleichung?
b) Was wird mit der x-Achse dargestellt?
c) Um welchen Stoff handelt es sich?

a) $y = \left(\frac{1}{2}\right)^x$ oder $y = 2^{-x}$

b) Auf der x-Achse wird die Halbwertszeit

dargestellt. (1 cm $\hat{=}$ 1 HWZ)

c) $8 - 4 - 2 - 1 - \frac{1}{2} - \frac{1}{4} - \frac{1}{8}$ $\rightarrow$ Jod-131

Aufgabe 4 (III):

Radium hat eine Halbwertszeit von 1 620 Jahren.
a) Ermitteln Sie mithilfe einer Wertetabelle, nach welcher Zeit von 100 g Radium weniger als 10 g radioaktiver Stoff vorhanden sind!
b) Zeichnen Sie die Zerfallskurve in ein geeignetes Koordinatensystem!
c) Wie viel Gramm von ursprünglich 400 g radioaktivem Material sind nach einer Zeit von 13 365 Jahren noch nachweisbar?

a)

Zeit (J.)	0	1 620	3 240	4 860	6 480
Menge (g)	100	50	25	12,5	6,25

b)

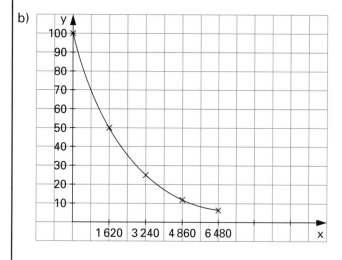

c) $N_t = N_0 \cdot 0,5^t$

$N_t = 400 \text{ g} \cdot 0,5^{8,25}$

$N_t \approx 1,314 \text{ g}$

Förderbedarf:

Freißler/Mayr: Bildungsstandards Mathematik 10. Klasse © Brigg Pädagogik Verlag GmbH, Augsburg

Thema: Geometrie		Name:		
Inhalt: Oberfläche/Volumen der Kugel	**Schwierigkeitsgrad:** I – IV	**Kompetenz:** 1, 2, 3		**Leitidee:** 1, 2

Kugeln, Kugeln

Um was für eine Kugel handelt es sich?

A: d = 22 cm, Leder _____

B: d = 6,5 cm, Filz _____

C: Umfang = 40 000 km _____

D: r = 4 cm, extrem leicht _____

E: d = 12,50 m, Inhalt Helium _____

Aufgabe 1 (I):

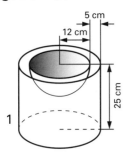
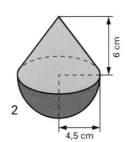
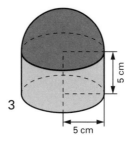
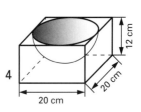

Welche zusammengesetzten Körper sind hier beschrieben? Berechnen Sie jeweils Oberfläche und Volumen!

[ ] : Halbkugel mit aufgesetztem Kegel, jeweils gleicher Radius

[ ] : Halbkugel mit aufgesetztem Kegel, unterschiedlicher Radius

[ ] : Zylinder mit aufgesetzter Halbkugel, h (Zylinder) = r (Halbkugel)

[ ] : Zylinder mit aufgesetzter Halbkugel, h (Zylinder) = $\frac{d}{2}$ (Kugel)

[ ] : Zylinder mit ausgefräster Halbkugel, r (Zylinder) = r (Kugel)

[ ] : Zylinder mit ausgefräster Halbkugel, r (Kugel) = r (Zylinder) – 5 cm

Aufgabe 2 (II):

Ein kugelförmiger Fesselballon hat eine Oberfläche von 1 808,64 m². Wie groß ist sein Volumen?

Aufgabe 3 (III):

Eine Eisenkugel wiegt 23 806,224 kg.
Welchen Radius weist die Kugel auf (Eisen $\rho = 7{,}8 \frac{kg}{dm^3}$)?

Aufgabe 4 (III):

Eine halbkugelförmige Schöpfkelle fasst $\frac{1}{4}$ l Flüssigkeit. Welchen Durchmesser hat diese Kelle?
Runden Sie auf ganze cm!

Aufgabe 5 (IV):

Ein kugelförmiger Benzintank fasst 775,3 m^3. Der äußere Durchmesser beträgt 11,46 m.
a) Berechnen Sie die Wandstärke des Benzintanks!
b) Wieviel Prozent ist die Außenfläche größer als die Innenfläche?

Förderbedarf:

Inhalt: Oberfläche/Volumen der Kugel	Schwierigkeitsgrad: I – IV	Kompetenz: 1, 2, 3	Leitidee: 1, 2

Kugeln, Kugeln

Um was für eine Kugel handelt es sich?

A: d = 22 cm, Leder   Fußball

B: d = 6,5 cm, Filz   Tennisball

C: Umfang = 40 000 km   Planet Erde

D: r = 4 cm, extrem leicht   Christbaumkugel

E: d = 12,50 m, Inhalt Helium   Fesselballon

Aufgabe 1 (I):

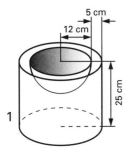 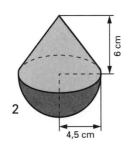 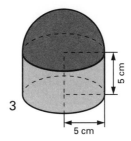 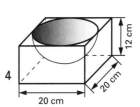

Welche zusammengesetzten Körper sind hier beschrieben? Berechnen Sie jeweils Oberfläche und Volumen!

2	: Halbkugel mit aufgesetztem Kegel, jeweils gleicher Radius
–	: Halbkugel mit aufgesetztem Kegel, unterschiedlicher Radius
3	: Zylinder mit aufgesetzter Halbkugel, h (Zylinder) = r (Halbkugel)
–	: Zylinder mit aufgesetzter Halbkugel, h (Zylinder) = $\frac{d}{2}$ (Kugel)
–	: Zylinder mit ausgefräster Halbkugel, r (Zylinder) = r (Kugel)
1	: Zylinder mit ausgefräster Halbkugel, r (Kugel) = r (Zylinder) – 5 cm

Aufgabe 2 (II):

Ein kugelförmiger Fesselballon hat eine Oberfläche von 1 808,64 m². Wie groß ist sein Volumen?

$A = 4r^2\pi$ | : 4 : π

$\frac{A}{4 \cdot \pi} = r^2$

$\frac{1808,64 \text{ m}^2}{4 \cdot 3,14} = r^2$

$144 \text{ m}^2 = r^2$ | $\sqrt{}$

$12 \text{ m} = r$

$V = \frac{4}{3} r^3 \cdot \pi$

$V = \frac{4}{3} \cdot (12 \text{ m})^3 \cdot \pi$

$\underline{V = 7234,56 \text{ m}^3}$

$V = \frac{1}{6} \cdot \pi \cdot d^3$

$V = \frac{1}{6} \cdot 3,14 \cdot (24 \text{ m})^3$

$\underline{V = 7234,56 \text{ m}^3}$

Aufgabe 3 (III):

Eine Eisenkugel wiegt 23 806,224 kg.
Welchen Radius weist die Kugel auf (Eisen $\rho = 7,8 \frac{kg}{dm^3}$)?

$m = V \cdot \rho \quad | : \rho$

$\frac{m}{\rho} = V$

$\frac{23\,806,224\ g}{7,8\ \frac{g}{cm^3}} = V$

$\underline{3\,052,08\ cm^3 = V}$

$V = \frac{4}{3} r^3 \cdot \pi \quad | \cdot \frac{3}{4} : \pi$

$\frac{V \cdot 3}{3,14 \cdot 4} = r^3$

$\frac{3\,052,08\ cm^3 \cdot 3}{3,14 \cdot 4} = r^3$

$729\ cm^3 = r^3 \quad | \sqrt[3]{\ }$

$\underline{9\ cm = r}$

Aufgabe 4 (III):

Eine halbkugelförmige Schöpfkelle fasst $\frac{1}{4}$ l Flüssigkeit. Welchen Durchmesser hat diese Kelle?
Runden Sie auf ganze cm!

$V = \frac{\frac{4}{3} r^3 \cdot \pi}{2} \quad | \cdot 2 \cdot \frac{3}{4} : \pi$

$\frac{250\ cm^3 \cdot 2 \cdot 3}{3,14 \cdot 4} = r^3$

$119,426\ cm^3 \approx r^3 \quad | \sqrt[3]{\ }$

$\underline{5\ cm \approx r}$

$\rightarrow \underline{d = 10\ cm}$

Aufgabe 5 (IV):

Ein kugelförmiger Benzintank fasst 775,3 m³. Der äußere Durchmesser beträgt 11,46 m.
a) Berechnen Sie die Wandstärke des Benzintanks!
b) Wieviel Prozent ist die Außenfläche größer als die Innenfläche?

a) $V = \frac{4}{3} r^3 \cdot \pi \quad | \cdot \frac{3}{4} : \pi$

$\frac{V \cdot 3}{4 \cdot 3,14} = r^3$

$\frac{775,34136\ m^3 \cdot 3}{4 \cdot 3,14} = r^3$

$185,193\ m^3 = r^3 \quad | \sqrt[3]{\ }$

$\underline{5,7\ m \approx r}$

$\rightarrow \underline{d = 11,4\ m}$

$\rightarrow 11,46\ m - 11,40\ m = 0,06\ m$

$0,06\ m : 2 = 0,03\ m \,\hat{=}\, \underline{\quad 3\ cm\quad}$

b) $A_1 = 4 \cdot r^2 \cdot \pi = 4 \cdot (5,7\ m)^2 \cdot 3,14 \approx \underline{408,0744\ m^2}$

$A_2 = 4 \cdot (5,73\ m)^2 \cdot 3,14 = \underline{412,38\ m^2}$

$A_2 - A_1 \approx 4\ m^2$

$\downarrow$

$408\ m^2 = 100\ \%$

$4,08\ m^2 \,\hat{=}\, 1\ \%$

$\underline{4\ m^2 \approx 1\ \%}$

Förderbedarf:

Thema: Geometrie		Name:	
Inhalt: Zentrische Streckung/ähnliche Figuren	**Schwierigkeitsgrad:** I – IV	**Kompetenz:** 1, 2, 4	**Leitidee:** 2, 3

Bilderrahmen

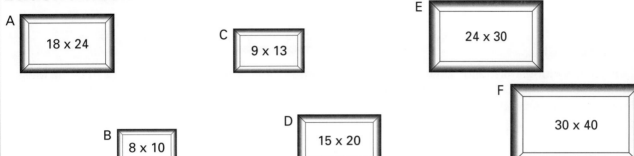

Aufgabe 1 (I):

a) Stellen Sie die Frage zur Geometrie, die sich aus dieser Darstellung ergibt, beantworten Sie diese und begründen Sie Ihre Meinung!

Frage:

Antwort:

Begründung:

b) Geben Sie die Länge der Seiten an, wenn die gegebenen Größen dem Verhältnis 2 : 3 entsprechen und die erste Größe beibehalten werden soll!

Aufgabe 2 (II):

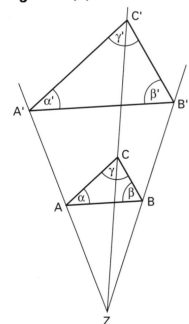

Beschreiben Sie die Ähnlichkeiten!

$\overline{AB} \parallel$ [   ]; $\overline{BC} \parallel$ [   ]; $\overline{CA} \parallel$ [   ];

$\alpha =$ [   ]; $\beta =$ [   ]; $\gamma =$ [   ];

$A(A'B'C') = A(ABC)$ [   ]; [   ]

Beschreiben Sie die Ähnlichkeiten, wenn ABC die Bildfigur wäre!

$\overline{AB} \parallel$ [   ]; $\overline{BC} \parallel$ [   ]; $\overline{CA} \parallel$ [   ];

$\alpha =$ [   ]; $\beta =$ [   ]; $\gamma =$ [   ];

$A(A'B'C') = A(ABC)$ [   ]; [   ]

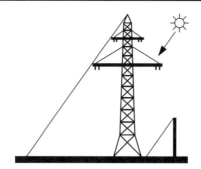

Aufgabe 3 (II):

Ein Hochspannungsmast wirft einen 30 m langen Schatten; eine daneben aufgestellte, 2 m lange Mess-latte wirft einen 1,5 m langen Schatten. Wie hoch ist der Mast? (Überprüfen Sie Ihre Rechnung mit einem zweiten Ansatz!)

Aufgabe 4 (III):

Konstruieren Sie eine Raute mit a = 5 cm und α = 30°! Berechnen Sie den Faktor k, wenn die Bildfigur eine Fläche von 200 cm^2 aufweist. Fehlende Maße entnehmen Sie der Zeichnung!

Aufgabe 5 (IV):

Bei einer zentrischen Streckung wird der Radius eines Kreises um 4 cm verlängert. Der Flächeninhalt nimmt um den Faktor 6,25 zu.
a) Berechnen Sie den ursprünglichen und den neuen Radius!
b) Ermitteln Sie den Streckungsfaktor!

Förderbedarf:

Thema: Geometrie		Lösungsblatt	
Inhalt: Zentrische Streckung/ähnliche Figuren	**Schwierigkeitsgrad:** I – IV	**Kompetenz:** 1, 2, 4	**Leitidee:** 2, 3

Bilderrahmen

A: 18 x 24

C: 9 x 13

E: 24 x 30

B: 8 x 10

D: 15 x 20

F: 30 x 40

Aufgabe 1 (I):

a) Stellen Sie die Frage zur Geometrie, die sich aus dieser Darstellung ergibt, beantworten Sie diese und begründen Sie Ihre Meinung!

Frage: Welche dieser Bilderrahmen sind ähnlich?

Antwort: Ähnlich sind A, D, F; B, E; C ist ein Unikat!

Begründung: A, D, F: Seitenverhältnis 3 : 4; B, E: SV 4 : 5

b) Geben Sie die Länge der Seiten an, wenn die gegebenen Größen dem Verhältnis 2 : 3 entsprechen und die erste Größe beibehalten werden soll!

A: 18 x 27   C: 9 x 13,5   E: 24 x 36

    B: 8 x 12   D: 15 x 22,5   F: 30 x 45

Aufgabe 2 (II):

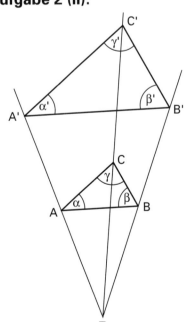

Beschreiben Sie die Ähnlichkeiten!

$\overline{AB} \parallel \boxed{\overline{A'B'}}$; $\overline{BC} \parallel \boxed{\overline{B'C'}}$; $\overline{CA} \parallel \boxed{\overline{C'A'}}$;

$\alpha = \boxed{\alpha'}$; $\beta = \boxed{\beta'}$; $\gamma = \boxed{\gamma'}$;

$A(A'B'C') = A(ABC) \boxed{\cdot k^2}$; $\boxed{k = 2}$

Beschreiben Sie die Ähnlichkeiten, wenn ABC die Bildfigur wäre!

$\overline{AB} \parallel \boxed{\overline{A'B'}}$; $\overline{BC} \parallel \boxed{\overline{B'C'}}$; $\overline{CA} \parallel \boxed{\overline{C'A'}}$;

$\alpha = \boxed{\alpha'}$; $\beta = \boxed{\beta'}$; $\gamma = \boxed{\gamma'}$;

$A(A'B'C') = A(ABC) \boxed{\cdot k^2}$; $\boxed{k = \frac{1}{2}}$

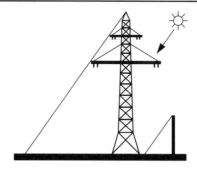

Aufgabe 3 (II):

Ein Hochspannungsmast wirft einen 30 m langen Schatten; eine daneben aufgestellte, 2 m lange Mess-latte wirft einen 1,5 m langen Schatten. Wie hoch ist der Mast? (Überprüfen Sie Ihre Rechnung mit einem zweiten Ansatz!)

$$\frac{2}{1{,}5} = \frac{x}{30} \quad | \cdot 1{,}5 \cdot 30 \qquad\qquad \frac{1{,}5}{2} = \frac{30}{x} \quad | \cdot 2x$$

$$60 = 1{,}5x \quad |:1{,}5 \qquad\qquad 1{,}5x = 60 \quad |:1{,}5$$

$$\underline{\underline{40 = x}} \qquad\qquad\qquad \underline{\underline{x = 40}}$$

Aufgabe 4 (III):

Konstruieren Sie eine Raute mit a = 5 cm und α = 30°! Berechnen Sie den Faktor k, wenn die Bildfigur eine Fläche von 200 cm² aufweist. Fehlende Maße entnehmen Sie der Zeichnung!

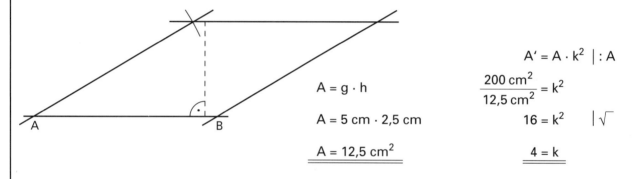

$$A = g \cdot h$$

$$A = 5 \text{ cm} \cdot 2{,}5 \text{ cm}$$

$$\underline{\underline{A = 12{,}5 \text{ cm}^2}}$$

$$A' = A \cdot k^2 \quad |:A$$

$$\frac{200 \text{ cm}^2}{12{,}5 \text{ cm}^2} = k^2$$

$$16 = k^2 \quad |\sqrt{}$$

$$\underline{\underline{4 = k}}$$

Aufgabe 5 (IV):

Bei einer zentrischen Streckung wird der Radius eines Kreises um 4 cm verlängert. Der Flächeninhalt nimmt um den Faktor 6,25 zu.
a) Berechnen Sie den ursprünglichen und den neuen Radius!
b) Ermitteln Sie den Streckungsfaktor!

a) $(r + 4)^2 \cdot 3{,}14 = 6{,}25 \, r^2 \cdot 3{,}14 \quad |:3{,}14$

$(r + 4)^2 = 6{,}25 r^2 \quad |\sqrt{}$

$r + 4 = \pm 2{,}5 r$

$4 = +2{,}5r - r \qquad \boxed{\text{oder}} \qquad 4 = -2{,}5r - r$

$4 = 1{,}5r \quad |:1{,}5 \qquad\qquad 4 = -3{,}5r \quad |:-3{,}5$

$\underline{\underline{2\frac{2}{3} = r}} \qquad\qquad -1{,}14 \approx r \;\rightarrow\; \text{keine Lösung!}$

Ursprünglicher Radius: $\underline{\underline{2\frac{2}{3} \text{ cm}}}$

Neuer Radius: $\left(2\frac{2}{3} + 4 =\right) \underline{\underline{6\frac{2}{3} \text{ cm}}}$

b) $Sf \cdot 2\frac{2}{3} = 6\frac{2}{3} \quad |:2\frac{2}{3}$

$\underline{\underline{Sf = 2{,}5}}$

Förderbedarf:

Freißler/Mayr: Bildungsstandards Mathematik 10. Klasse © Brigg Pädagogik Verlag GmbH, Augsburg

Thema: Geometrie			Name:	
Inhalt: Strahlensätze		Schwierigkeitsgrad: I – IV	Kompetenz: 1, 2, 3	Leitidee: 3

Strahlen und Parallelen

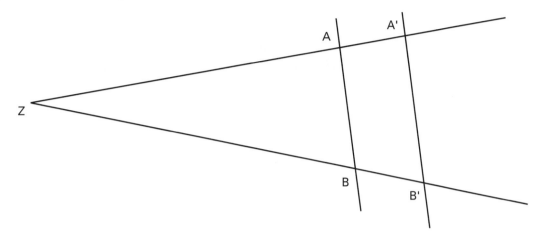

Aufgabe 1 (I):

Kreuzen Sie die richtigen Aussagen an!

- ☐ Beim 1. Strahlensatz geht es um die Strecken auf den beiden Strahlen
- ☐ Beim 1. Strahlensatz geht es um die Strecken auf den beiden Strahlen und den Parallelen
- ☐ Beim 2. Strahlensatz geht es um die Strecken auf den beiden Strahlen
- ☐ Beim 2. Strahlensatz geht es um die Strecken auf den beiden Strahlen und den Parallelen
- ☐ Beim 2. Strahlensatz ist es möglich, dass es nur um die Längen der Parallelen geht
- ☐ Beim 2. Strahlensatz kann es nur um die Längen der Parallelen gehen
- ☐ Beim 2. Strahlensatz kann es nur um die Längen auf den Strahlen und den Parallelen gehen
- ☐ Beim 2. Strahlensatz muss eine Abhängigkeit zwischen den Strecken auf den Strahlen und den Parallelen bestehen

Aufgabe 2 (II):

1. Ergänzen Sie die Gleichungen, die sich aus dem 1. Strahlensatz ergeben!

2. Stellen Sie Gleichungen auf, die sich aus dem 2. Strahlensatz ergeben!

Aufgabe 3 (III):

Berechnen Sie den fehlenden Wert!
Entscheiden Sie zunächst: 1. oder 2. Strahlensatz?

① 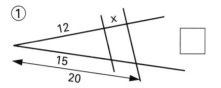 ☐

② 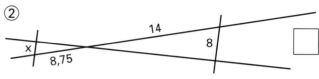 ☐

③ 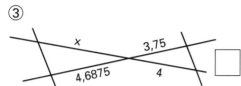 ☐

④ 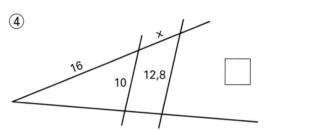 ☐

Aufgabe 4 (III):

Ergänzen Sie die Gleichungen:

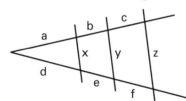

$$\frac{x}{y} = \frac{}{a+b} \;;\qquad \frac{x}{z} = \frac{d}{} \;;\qquad \frac{d+e}{y} = \underline{} \;;$$

$$\frac{y}{a+b} = \frac{}{a+b+c} \;;\qquad \underline{} = \frac{y}{d+e+f}$$

Aufgabe 5 (IV):

Wahr oder falsch (w/f)?

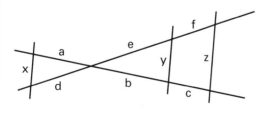

☐ $\dfrac{x}{z} = \dfrac{d}{e+f}$;   ☐ $\dfrac{a}{e} = \dfrac{d}{b}$;

☐ $\dfrac{e}{y} = \dfrac{f}{z}$;   ☐ $\dfrac{b+c}{z} = \dfrac{a}{x}$;   ☐ $\dfrac{d}{e} = \dfrac{b}{y}$

Förderbedarf:

Freißler/Mayr: Bildungsstandards Mathematik 10. Klasse © Brigg Pädagogik Verlag GmbH, Augsburg

Thema: Geometrie	Lösungsblatt		
Inhalt: Strahlensätze	**Schwierigkeitsgrad:** I – IV	**Kompetenz:** 1, 2, 3	**Leitidee:** 3

Strahlen und Parallelen

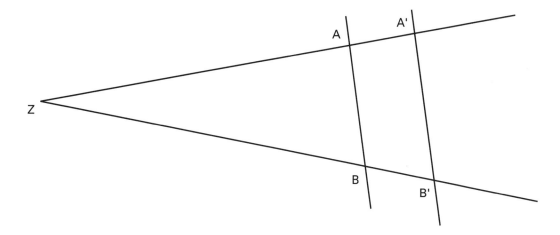

Aufgabe 1 (I):

Kreuzen Sie die richtigen Aussagen an!

- ☒ Beim 1. Strahlensatz geht es um die Strecken auf den beiden Strahlen
- ☐ Beim 1. Strahlensatz geht es um die Strecken auf den beiden Strahlen und den Parallelen
- ☐ Beim 2. Strahlensatz geht es um die Strecken auf den beiden Strahlen
- ☒ Beim 2. Strahlensatz geht es um die Strecken auf den beiden Strahlen und den Parallelen
- ☐ Beim 2. Strahlensatz ist es möglich, dass es nur um die Längen der Parallelen geht
- ☐ Beim 2. Strahlensatz kann es nur um die Längen der Parallelen gehen
- ☒ Beim 2. Strahlensatz kann es nur um die Längen auf den Strahlen und den Parallelen gehen
- ☒ Beim 2. Strahlensatz muss eine Abhängigkeit zwischen den Strecken auf den Strahlen und den Parallelen bestehen

Aufgabe 2 (II):

1. Ergänzen Sie die Gleichungen, die sich aus dem 1. Strahlensatz ergeben!

$$\frac{\overline{ZA}}{\overline{ZA'}} = \frac{\overline{ZB}}{\overline{ZB'}} \; ; \quad \frac{\overline{ZA}}{\overline{ZB}} = \frac{\overline{ZA'}}{\overline{ZB'}} \; ; \quad \frac{\overline{ZA}}{\overline{AA'}} = \frac{\overline{ZB}}{\overline{BB'}} \; ;$$

2. Stellen Sie Gleichungen auf, die sich aus dem 2. Strahlensatz ergeben!

$$\frac{\overline{ZA}}{\overline{AB}} = \frac{\overline{ZA'}}{\overline{A'B'}} \; ; \quad \frac{\overline{AB}}{\overline{A'B'}} = \frac{\overline{ZA}}{\overline{ZA'}} \; ; \quad \frac{\overline{B'A'}}{\overline{BA}} = \frac{\overline{ZB'}}{\overline{ZB}}$$

Aufgabe 3 (III):

Berechnen Sie den fehlenden Wert! Entscheiden Sie zunächst: 1. oder 2. Strahlensatz?

① 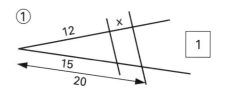 1

② 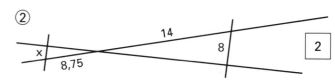 2

③  1

④ 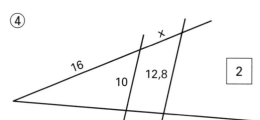 2

① $\frac{20}{15} = \frac{x+12}{12}$ $| \cdot 180$

$240 = 15x + 180$

$60 = 15x$ $| : 15$

$\underline{\underline{4 = x}}$

oder

$\frac{20-15}{15} = \frac{x}{12}$ $| \cdot 180$

$240 - 180 = 15x$

$60 = 15x$ $| : 15$

$\underline{\underline{4 = x}}$

② $\frac{14}{8} = \frac{8,75}{x}$ $| \cdot 8x$

$14x = 70$ $| : 14$

$\underline{\underline{x = 5}}$

③ $\frac{x}{4} = \frac{4,6875}{3,75}$ $| \cdot 15$

$3,75x = 18,75$ $| : 3,75$

$\underline{\underline{x = 5}}$

④ $\frac{16}{10} = \frac{16+x}{12,8}$ $| \cdot 128$

$204,8 = (16 + x) \cdot 10$

$204,8 = 160 + 10x$

$44,8 = 10x$ $| : 10$

$\underline{\underline{4,48 = x}}$

Aufgabe 4 (III):

Ergänzen Sie die Gleichungen:

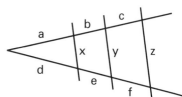

$\frac{x}{y} = \frac{a}{a+b}$; $\frac{x}{z} = \frac{d}{d+e+f}$; $\frac{d+e}{y} = \frac{d}{x}$;

$\frac{y}{a+b} = \frac{z}{a+b+c}$; $\frac{z}{d+e+f} = \frac{y}{d+e}$

Aufgabe 5 (IV):

Wahr oder falsch (w/f)?

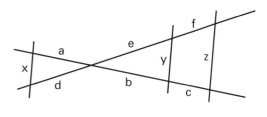

w $\frac{x}{z} = \frac{d}{e+f}$;

f $\frac{a}{e} = \frac{d}{b}$;

f $\frac{e}{y} = \frac{f}{z}$;

w $\frac{b+c}{z} = \frac{a}{x}$;

f $\frac{d}{e} = \frac{b}{y}$

Förderbedarf:

Freißler/Mayr: Bildungsstandards Mathematik 10. Klasse © Brigg Pädagogik Verlag GmbH, Augsburg

Thema: Geometrie	Name:		
Inhalt: Strahlensätze	Schwierigkeitsgrad: I – IV	Kompetenz: 1, 2, 3	Leitidee: 3

Tannen, Kiefern, Fichten

Ein Förster will die Höhe eines Baumes bestimmen.
Die Sonne scheint. Er hat einen Stab von 2 m Länge dabei.

Aufgabe 1 (I):

Wie geht er vor?

Aufgabe 2 (II):

Skizzieren und berechnen Sie die Aufgabe, wenn der Schatten des Stabes 3 m lang ist und die Entfernung zum Baum 21 m beträgt!

Aufgabe 3 (II):

Wenn Manuel einen 15 cm langen Stift in 45 cm Entfernung vor sein Auge hält, wird ein Kirchturm gerade verdeckt. Wie weit ist der Kirchturm entfernt (Skizze!)?

Aufgabe 4 (III):

Die Giebelspitze eines Hauses wird mit Brettern verkleidet. Wie viele m² müssen mit Holzfarbe gestrichen werden? Runden Sie sinnvoll!

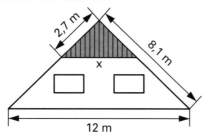

Aufgabe 5 (IV):

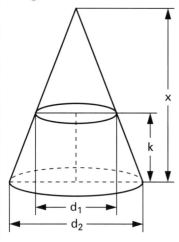

Von einem Kegelstumpf sind folgende Maße bekannt:
$d_1 = 30$ cm; $k = 12$ cm.
Wie hoch war der ursprüngliche Kegel, wenn dessen Grundfläche
553 896 mm² beträgt?
Wie groß ist das Volumen des Kegelstumpfs?
(Runden Sie auf ganze Liter!)

Förderbedarf:

Thema: Geometrie	Lösungsblatt		
Inhalt: Strahlensätze	**Schwierigkeitsgrad:** I – IV	**Kompetenz:** 1, 2, 3	**Leitidee:** 3

Tannen, Kiefern, Fichten

Ein Förster will die Höhe eines Baumes bestimmen.
Die Sonne scheint. Er hat einen Stab von 2 m Länge dabei.

Aufgabe 1 (I):

Wie geht er vor?

Der Förster stellt den Stab in den Schatten der Baumlänge, sodass beide Schattenspitzen zusammenfallen. Nun kann er aus der Länge des Stabes, der Länge des Stabschattens und der Länge des Baumschattens die Höhe des Baumes berechnen.

Aufgabe 2 (II):

Skizzieren und berechnen Sie die Aufgabe, wenn der Schatten des Stabes 3 m lang ist und die Entfernung zum Baum 21 m beträgt!

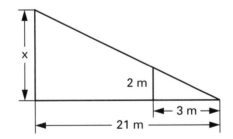

$$\frac{2}{3} = \frac{x}{21} \quad | \cdot 3 \cdot 21$$

$$42 = 3x \quad | : 3$$

$$\underline{14 = x}$$

Aufgabe 3 (II):

Wenn Manuel einen 15 cm langen Stift in 45 cm Entfernung vor sein Auge hält, wird ein Kirchturm gerade verdeckt. Wie weit ist der Kirchturm entfernt (Skizze!)?

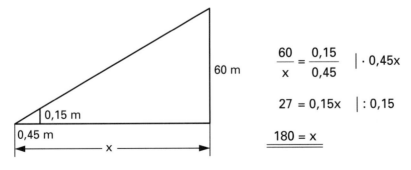

$$\frac{60}{x} = \frac{0,15}{0,45} \quad | \cdot 0,45x$$

$$27 = 0,15x \quad | : 0,15$$

$$\underline{180 = x}$$

Der Kirchturm ist 180 m entfernt.

Aufgabe 4 (III):

Die Giebelspitze eines Hauses wird mit Brettern verkleidet. Wie viele m² müssen mit Holzfarbe gestrichen werden? Runden Sie sinnvoll!

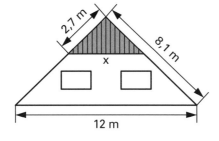

$$\frac{8{,}1}{12} = \frac{2{,}7}{x} \quad | \cdot 12x \;\rightarrow$$

$$8{,}1x = 32{,}4 \quad | : 8{,}1$$

$$\underline{\underline{x = 4}}$$

$$a^2 = c^2 - b^2$$

$$a^2 = (2{,}7\ m)^2 - (2\ m)^2 \quad\rightarrow$$

$$\underline{\underline{a \approx 1{,}8\ m}}$$

$$A = \frac{g \cdot h}{2}$$

$$A = \frac{4\ m \cdot 1{,}8\ m}{2}$$

$$\underline{\underline{A = 3{,}6\ m^2}}$$

Aufgabe 5 (IV):

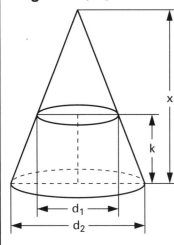

Von einem Kegelstumpf sind folgende Maße bekannt:
$d_1 = 30$ cm; $k = 12$ cm.
Wie hoch war der ursprüngliche Kegel, wenn dessen Grundfläche 553 896 mm² beträgt?
Wie groß ist das Volumen des Kegelstumpfs?
(Runden Sie auf ganze Liter!)

$$A = r^2 \cdot \pi \quad | : \pi$$

$$\frac{553\,896\ mm^2}{3{,}14} = r^2$$

$$176\,400\ mm^2 = r^2 \quad | \sqrt{}$$

$$420\ mm = r \quad\rightarrow\quad \underline{\underline{r = 42\ cm}}$$

$$\frac{x}{\frac{d_2}{2}} = \frac{x - k}{\frac{d_1}{2}}$$

$$\frac{x}{42} = \frac{x - 12}{15} \quad | \cdot 42 \cdot 15$$

$$15x = (x - 12) \cdot 42$$

$$15x = 42x - 504$$

$$504 = 42x - 15x$$

$$504 = 27x \quad | : 27$$

$$\underline{\underline{18{,}7\ (cm) = x}}$$

$$V = \frac{A \cdot h_k}{3}$$

$$V = \frac{55{,}3896\ dm^2 \cdot 1{,}87\ dm}{3}$$

$$V = 34{,}526183\ dm^3$$

$$\underline{\underline{V \approx 35\ l}}$$

Förderbedarf:

Thema: Geometrie			Name:	
Inhalt: Kathetensatz	Schwierigkeitsgrad: I – IV	Kompetenz: 1, 2, 3		Leitidee: 3

Auf dem Weg zum Eigenheim

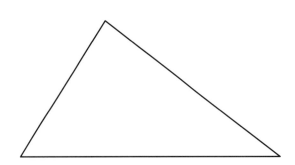

Familie Weidner will ein Haus bauen. Herr Weidner hat zu diesem Zweck ein Grundstück erworben, das 32 457 € gekostet hat. Das dreieckige Grundstück verläuft 50 m entlang einer ruhigen Zufahrtsstraße. Die Familie will das Grundstück in zwei dreieckige Flächen teilen. Dabei soll im kleineren Teil ein Biotop angelegt werden, im größeren Teil erfolgt der Bau des Hauses. Dabei stehen die beiden Abschnitte im Verhältnis 1 : 3.

Aufgabe 1 (II):

a) Ergänzen Sie die Maße der Grundstücksaufteilung (Skizze oben)!
b) Wie viele Meter Zaun benötigt die Familie Weidner? (Auf 2 Stellen runden!)
c) Wie lang ist die gedachte Trennungslinie zwischen den beiden Flächen?
d) Der Kaufpreis ist falsch angegeben. Welcher Fehler wurde begangen?

Aufgabe 2 (III):

a) Verwandeln Sie ein Quadrat mit einem Flächeninhalt von 25 cm^2 in ein flächengleiches Rechteck!
   Eine Seite soll 4 cm lang sein.
b) Wie viele Möglichkeiten der Umwandlung gibt es?
c) Welche Größen kann das Rechteck aufweisen, wenn eine Seite eine ganze Zahl sein soll?

Aufgabe 3 (III):

Verfassen Sie eine Konstruktionsbeschreibung!

_____

_____

_____

_____

_____

_____

Förderbedarf:

Freißler/Mayr: Bildungsstandards Mathematik 10. Klasse © Brigg Pädagogik Verlag GmbH, Augsburg

Thema: Geometrie		Lösungsblatt	
Inhalt: Kathetensatz	**Schwierigkeitsgrad:** I – IV	**Kompetenz:** 1, 2, 3	**Leitidee:** 3

Auf dem Weg zum Eigenheim

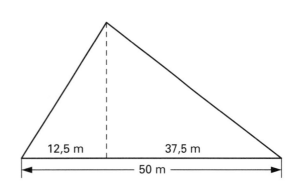

Familie Weidner will ein Haus bauen. Herr Weidner hat zu diesem Zweck ein Grundstück erworben, das 32 457 € gekostet hat. Das dreieckige Grundstück verläuft 50 m entlang einer ruhigen Zufahrtsstraße. Die Familie will das Grundstück in zwei dreieckige Flächen teilen. Dabei soll im kleineren Teil ein Biotop angelegt werden, im größeren Teil erfolgt der Bau des Hauses. Dabei stehen die beiden Abschnitte im Verhältnis 1 : 3.

Aufgabe 1 (II):

a) Ergänzen Sie die Maße der Grundstücksaufteilung (Skizze oben)!
b) Wie viele Meter Zaun benötigt die Familie Weidner? (Auf 2 Stellen runden!)
c) Wie lang ist die gedachte Trennungslinie zwischen den beiden Flächen?
d) Der Kaufpreis ist falsch angegeben. Welcher Fehler wurde begangen?

b) $a^2 = c \cdot p$

$a^2 = 50 \text{ m} \cdot 37,5 \text{ m}$

$a^2 = 1\,875 \text{ m}^2 \quad | \sqrt{}$

$\underline{a \approx 43,3 \text{ m}}$

$b^2 = c \cdot q$

$b^2 = 50 \text{ m} \cdot 12,5 \text{ m}$

$b^2 = 625 \text{ m}^2 \quad | \sqrt{}$

$\underline{b = 25 \text{ m}}$

→ Gesamtlänge:

50 m + 43,3 m + 25 m

= $\underline{118,3 \text{ m}}$

c) $a^2 = c^2 - b^2$ oder $b^2 = c^2 - a^2$

$a^2 = (25 \text{ m})^2 - (12,5 \text{ m})^2$ $b^2 = (43,3 \text{ m})^2 - (37,5 \text{ m})^2$

$a^2 = 625 \text{ m}^2 - 156,25 \text{ m}^2$ $b^2 = 1\,874,89 \text{ m}^2 - 1\,406,25 \text{ m}^2$

$a^2 = 468,75 \text{ m}^2 \quad | \sqrt{}$ $b^2 = 468,64 \text{ m}^2 \quad | \sqrt{}$

$\underline{a \approx 21,65 \text{ m}}$ $\underline{b \approx 21,65 \text{ m}}$

d) $A = \dfrac{50 \text{ m} \cdot 21,65 \text{ m}}{2}$

$A = \dfrac{1082,5 \text{ m}^2}{2}$

$\underline{A = 541,25 \text{ m}^2}$

↓

541,25 m² · 60 €/m² = $\underline{32\,475 \text{ €}}$

Die beiden letzten Zahlen wurden vertauscht.

Aufgabe 2 (III):

a) Verwandeln Sie ein Quadrat mit einem Flächeninhalt von 25 cm² in ein flächengleiches Rechteck! Eine Seite soll 4 cm lang sein.

b) Wie viele Möglichkeiten der Umwandlung gibt es?

c) Welche Größen kann das Rechteck aufweisen, wenn eine Seite eine ganze Zahl sein soll?

a)

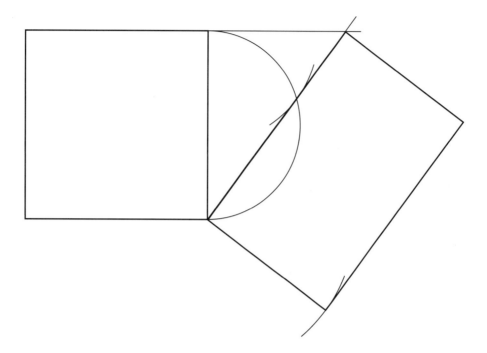

b) Es gibt unendlich viele Möglichkeiten der Umwandlung.

c) Größen: 1/25;   2/12,5;   3/8$\frac{1}{3}$;   4/6,25;

Aufgabe 3 (III):

Verfassen Sie eine Konstruktionsbeschreibung!

  – Konstruktion des Quadrats mit a = 5 cm

  – Konstruktion des Thaleskreises über einer Seite des Quadrats

  – eine Seite mit b = 4 cm am Thaleskreis abtragen

  – rechtwinkliges Dreieck bilden

  – Reststrecke als neue Seite des Rechtecks abtragen

  – zu einem Rechteck verbinden

Förderbedarf:

Thema: Geometrie		Name:		
Inhalt: Höhensatz	Schwierigkeitsgrad: I – III	Kompetenz: 1, 2, 3		Leitidee: 3

Segelwettbewerbe

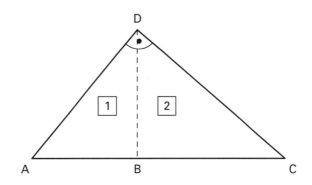

Bei einer Segelregatta werden von zwei verschiedenen Bootsklassen unterschiedliche Kurse gefahren.
Die Bojen A und B sind 4,9 km voneinander entfernt, die Boje C ist 14,9 km von A entfernt.

Aufgabe 1 (II):

a) Wie lang ist die Regattastrecke 1, wie lang ist die Regattastrecke 2?
   (Tragen Sie die Maße in die Zeichnung ein, runden Sie auf eine Stelle nach dem Komma!)

b) Wie oft müssten die beiden Strecken befahren werden, damit zwischen den Gesamtlängen beider
   Strecken eine Differenz von 44 km bestehen würde?

Aufgabe 2 (II):

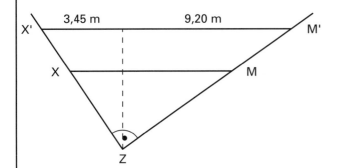

Der Flächeninhalt des durch zentrische Streckung mit dem Zentrum Z entstandenen Dreiecks ZM'X' ist 5,29-mal so groß wie der Flächeninhalt des Dreiecks ZMX.
Berechnen Sie die Fläche des Dreiecks ZMX!

Aufgabe 3 (III):

Ein Architekt plant den Neubau eines Hotels
in einer Dreiecksform (s. Skizze!).
Dabei stehen die Strecken $\overline{AB}$ und $\overline{BC}$ in einem
Verhältnis von 1 : 2 zueinander.
a) Berechnen Sie die Länge des Hotels!
b) In welcher Form muss der Architekt die Fenster setzen,
   wenn sie senkrecht zum Erdboden stehen sollen?

Aufgabe 4 (IV):

Verwandeln Sie das
Parallelogramm mit den
Maßen a = 5 cm, α = 60°,
h_a = 3 cm in ein flächen-
gleiches Quadrat!
(Kathetensatz!)

Förderbedarf:

Freißler/Mayr: Bildungsstandards Mathematik 10. Klasse © Brigg Pädagogik Verlag GmbH, Augsburg

Thema: Geometrie		Lösungsblatt	
Inhalt: Höhensatz	Schwierigkeitsgrad: I – III	Kompetenz: 1, 2, 3	Leitidee: 3

Segelwettbewerbe

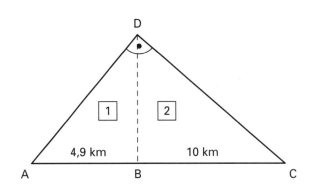

Bei einer Segelregatta werden von zwei verschiedenen Bootsklassen unterschiedliche Kurse gefahren. Die Bojen A und B sind 4,9 km voneinander entfernt, die Boje C ist 14,9 km von A entfernt.

Aufgabe 1 (II):

a) Wie lang ist die Regattastrecke 1, wie lang ist die Regattastrecke 2?
   (Tragen Sie die Maße in die Zeichnung ein, runden Sie auf eine Stelle nach dem Komma!)

$$h^2 = p \cdot q$$

$$h^2 = 10 \text{ km} \cdot 4,9 \text{ km}$$

$$h^2 = 49 \text{ km}$$

$$\underline{h = 7 \text{ km}}$$

$$c^2 = a^2 + b^2$$

$$c^2 = (4,9 \text{ km})^2 + (7 \text{ km})^2$$

$$c^2 = 24,01 \text{ km}^2 + 49 \text{ km}^2$$

$$c^2 = 73,01 \text{ km}^2$$

$$\underline{c \approx 8,5 \text{ km}}$$

$$S_{R1}: 4,9 + 7 + 8,5 = 20,4 \text{ [km]}$$

$$c^2 = a^2 + b^2$$

$$c^2 = (10 \text{ km})^2 + (7 \text{ km})^2$$

$$c^2 = 100 \text{ km}^2 + 49 \text{ km}^2$$

$$c^2 = 149 \text{ km}^2$$

$$\underline{c \approx 12,2 \text{ km}}$$

$$S_{R2}: 10 + 7 + 12,2 = 29,2 \text{ [km]}$$

b) Wie oft müssten die beiden Strecken befahren werden, damit zwischen den Gesamtlängen beider Strecken eine Differenz von 44 km bestehen würde?

$$29,2 - 20,4 = \underline{8,8 \text{ [km]}} \quad \rightarrow \quad 44 \text{ km} : 8,8 \text{ km} = \underline{5}$$

Aufgabe 2 (II):

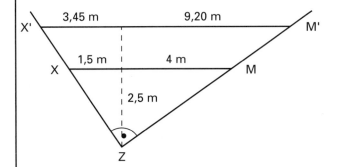

Der Flächeninhalt des durch zentrische Streckung mit dem Zentrum Z entstandenen Dreiecks ZM'X' ist 5,29-mal so groß wie der Flächeninhalt des Dreiecks ZMX.
Berechnen Sie die Fläche des Dreiecks ZMX!

$k = \sqrt{5{,}29}$

$\underline{k = 2{,}3}$

$\rightarrow$ 3,45 m : 2,3 = $\underline{1{,}5\ m}$

9,20 m : 2,3 = $\underline{4\ m}$

$h^2 = p \cdot q$

$h^2 = 4\ m \cdot 1{,}5\ m$

$h^2 = 6\ m^2$

$\underline{h \approx 2{,}5\ m}$

$A = \dfrac{g \cdot h}{2}$

$A = \dfrac{5{,}5\ m \cdot 2{,}5\ m}{2}$

$\underline{A = 6{,}875\ m^2}$

Aufgabe 3 (III):

Ein Architekt plant den Neubau eines Hotels
in einer Dreiecksform (s. Skizze!).
Dabei stehen die Strecken $\overline{AB}$ und $\overline{BC}$ in einem
Verhältnis von 1 : 2 zueinander.
a) Berechnen Sie die Länge des Hotels!
b) In welcher Form muss der Architekt die Fenster setzen,
   wenn sie senkrecht zum Erdboden stehen sollen?

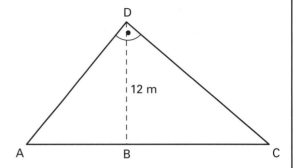

a) $h^2 = \overline{AB} \cdot 2 \cdot \overline{AB}$

$h^2 = (\overline{AB})^2 \cdot 2 \qquad | : 2$

$\dfrac{(12\ m)^2}{2} = \overline{AB}^2$

$72\ m^2 = \overline{AB}^2 \qquad | \sqrt{\ }$

$\underline{8{,}5\ m \approx \overline{AB}} \quad \rightarrow \quad 8{,}5\ m + 2 \cdot 8{,}5\ m = \underline{25{,}5\ m}$

b) Fenster in Form einer Dachgaube

Aufgabe 4 (IV):

Verwandeln Sie das
Parallelogramm mit den
Maßen a = 5 cm, $\alpha = 60°$,
$h_a = 3$ cm in ein flächen-
gleiches Quadrat!
(Kathetensatz!)

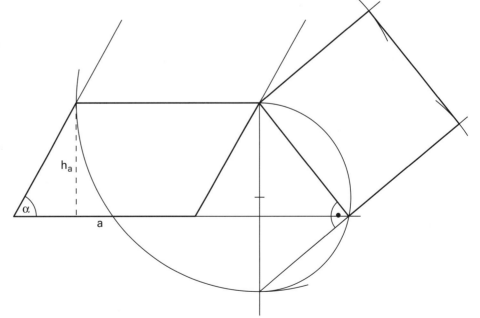

Förderbedarf:

Freißler/Mayr: Bildungsstandards Mathematik 10. Klasse © Brigg Pädagogik Verlag GmbH, Augsburg

Thema: Trigonometrie	Name:		
Inhalt: Sinus	Schwierigkeitsgrad: I – IV	Kompetenz: 1, 2, 3	Leitidee: 2

THW im Einsatz

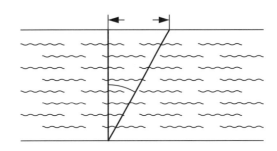

Aufgabe 1 (I):

Im Rahmen einer Übung überquert ein Team des THW einen Fluss. Dabei wird das Boot bei einem Winkel von 30° 40 m abgetrieben.

a) Ergänzen Sie die Skizze! Welche Strecke legen die Männer im Boot zurück?

b) Wie breit ist der Fluss?

c) Formulieren Sie die Aufgabe nach den anderen beiden Fragestellungen um!

Aufgabe 2 (II):

Zeichnen Sie ein Dreieck mit c = 4 cm, β = 90° und b = 5 cm!

a) Berechnen Sie die Winkel α und γ! Achten Sie beim Runden auf die Winkelsumme!

b) Warum kann man sin ß nicht berechnen?

Aufgabe 3 (III):

Ein Segelflieger befindet sich über einem Dorf.
Die Strecke zum Nachbardorf beträgt 4,6 km.
Das Dorf sieht er unter einem Winkel von 22°.
In welcher Höhe fliegt er (ganze Meter)?
Fertigen Sie zunächst eine Skizzel

Aufgabe 4 (IV):

Berechnen Sie
a) den Flächeninhalt des Dreiecks ABC!
   Ermitteln Sie dabei die Strecke $\overline{CD}$
   und die Fläche A jeweils auf zwei
   verschiedenen Rechenwegen!
b) die Größe des Winkels α!
c) die Länge der Strecke $\overline{CE}$!

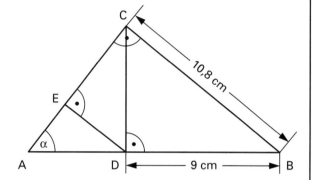

Förderbedarf:

Freißler/Mayr: Bildungsstandards Mathematik 10. Klasse © Brigg Pädagogik Verlag GmbH, Augsburg

Thema: Trigonometrie	Lösungsblatt

Inhalt: Sinus	Schwierigkeitsgrad: I – IV	Kompetenz: 1, 2, 3	Leitidee: 2

THW im Einsatz

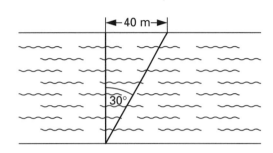

Aufgabe 1 (I):

Im Rahmen einer Übung überquert ein Team des THW einen Fluss. Dabei wird das Boot bei einem Winkel von 30° 40 m abgetrieben.

a) Ergänzen Sie die Skizze! Welche Strecke legen die Männer im Boot zurück?

b) Wie breit ist der Fluss?

c) Formulieren Sie die Aufgabe nach den anderen beiden Fragestellungen um!

a) $\sin 30° = \dfrac{G}{H}$ $| \cdot H$

$\sin 30° \cdot H = G$ $| : \sin 30°$

$H = \dfrac{G}{\sin 30°}$

$H = \dfrac{40\ m}{\sin 30°}$

$\underline{\underline{H = 80\ m}}$

b) $a^2 = c^2 - b^2$

$a^2 = (80\ m)^2 - (40\ m)^2$

$a^2 = 6\,400\ m^2 - 1\,600\ m^2$

$a^2 = 4\,800\ m^2$ $| \sqrt{}$

$\underline{\underline{a \approx 69\ m}}$

c) ① Geg.: 40 m
              69 m

Ges.: $\sin \sphericalangle \alpha$

② Geg.: 69 m

         $\sin 30°$

Ges.: G

Aufgabe 2 (II):

Zeichnen Sie ein Dreieck mit c = 4 cm, β = 90° und b = 5 cm!

a) Berechnen Sie die Winkel α und γ! Achten Sie beim Runden auf die Winkelsumme!

b) Warum kann man sin ß nicht berechnen?

a)

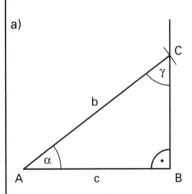

$\sin \alpha = \dfrac{3}{5} = 0{,}6 \rightarrow\ \approx 37°$

$\sin \gamma = \dfrac{4}{5} = 0{,}8 \rightarrow\ \approx 53°$

$37° + 53° + 90° = \underline{\underline{180°}}$

b) Es gibt keine Gegenkathete zu β!

Aufgabe 3 (III):

Ein Segelflieger befindet sich über einem Dorf.
Die Strecke zum Nachbardorf beträgt 4,6 km.
Das Dorf sieht er unter einem Winkel von 22°.
In welcher Höhe fliegt er (ganze Meter)?
Fertigen Sie zunächst eine Skizze!

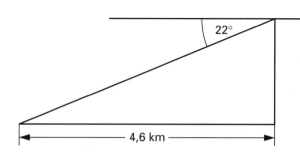

$$\sin 68° = \frac{4,6}{H} \quad | \cdot H$$

$$\sin 68° \cdot H = 4,6 \quad | : \sin 68°$$

$$H = \frac{4,6}{\sin 68°}$$

$$\underline{\underline{H \approx 5 \text{ km}}}$$

$$\sin 22° = \frac{h}{5} \quad | \cdot 5$$

$$\sin 22° \cdot 5 = h$$

$$1,873 \approx h \quad \rightarrow \quad \underline{\underline{h \approx 1\,873 \text{ m}}}$$

Aufgabe 4 (IV):

Berechnen Sie
a) den Flächeninhalt des Dreiecks ABC!
   Ermitteln Sie dabei die Strecke $\overline{CD}$
   und die Fläche A jeweils auf zwei
   verschiedenen Rechenwegen!
b) die Größe des Winkels α!
c) die Länge der Strecke $\overline{CE}$!

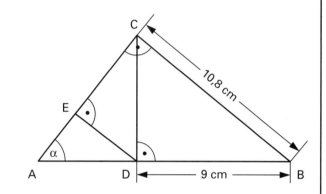

a) $a^2 = c \cdot p \quad | : p$

$$\frac{a^2}{p} = c$$

$$\frac{10,8^2}{9} = c$$

$$\underline{\underline{13 \approx c}}$$

① $(\overline{CD})^2 = (\overline{CB})^2 - (\overline{DB})^2$

$$(\overline{CD})^2 = 10,8^2 - 9^2$$

$$\underline{\underline{\overline{CD} \approx 6}}$$

$A_①$: $A = \frac{g \cdot h}{2}$

$$A = \frac{13 \cdot 6}{2}$$

$$\underline{\underline{A = 39}}$$

$\boxed{\text{oder}}$

② $h^2 = p \cdot q$

$$h^2 = 4 \cdot 9 \quad (\text{da } 13 - 9 = 4)$$

$$h^2 = 36$$

$$\underline{\underline{h = 6}}$$

$A_②$: $(\overline{AC})^2 = (\overline{AD})^2 + (\overline{CD})^2$

$$(\overline{AC})^2 = 4^2 + 6^2$$

$$\underline{\underline{\overline{AC} \approx 7,2}}$$

$\downarrow$

$$A = \frac{g \cdot h}{2}$$

$$A = \frac{7,2 \cdot 10,8}{2}$$

$$\underline{\underline{A \approx 39}}$$

b) $\sin \alpha = \frac{10,8}{13} \approx 0,83 \quad \rightarrow \quad \alpha \approx 56°$

c) $\sin 56° = \frac{g}{4} \quad | \cdot 4$

$$\sin 56° \cdot 4 = g \quad \rightarrow$$

$$\underline{\underline{3 \approx g}}$$

$(\overline{CE})^2 = (\overline{CD})^2 - (\overline{ED})^2$

$$(\overline{CE})^2 = 6^2 - 3^2$$

$$\underline{\underline{\overline{CE} \approx 5}}$$

Förderbedarf:

Freißler/Mayr: Bildungsstandards Mathematik 10. Klasse © Brigg Pädagogik Verlag GmbH, Augsburg

Thema: Trigonometrie			Name:	
Inhalt: Sinus, Kosinus		Schwierigkeitsgrad: I – IV	Kompetenz: 1, 2, 3	Leitidee: 2

Wasserkraftwerk

Die Rohrleitung eines Wasserkraftwerks ist 440 m lang.
Die horizontale Entfernung beträgt 320 m (s. Skizze)

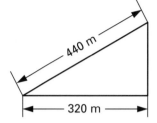

Aufgabe 1 (I):

a) Wie groß ist der Steigungswinkel?
b) Welchen Höhenunterschied überwindet die Leitung?
c) Überprüfen Sie das Ergebnis mit dem Satz des Pythagoras. Woraus resultiert der Unterschied?

Aufgabe 2 (II):

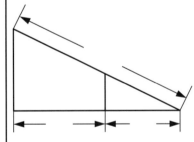

Die Schattenlinie eines Stabes folgt genau der Schattenlinie eines Baumes.
Zu dieser Skizze sind folgende Maße gegeben: 3 m – 4 m – 6 m – 12,5 m

a) Tragen Sie die Maße in die Karte ein. Die Höhe des Baumes ist unbekannt!
b) Berechnen Sie die Höhe des Baumes mit drei verschiedenen Lösungswegen!

Aufgabe 3 (III):

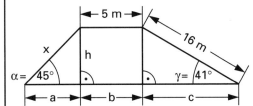

Vom Querschnitt eines Erdwalls sind die angegebenen Maße bekannt.

a) Wie viele m³ Erde benötigt man für den Erdwall, wenn dieser einen halben Kilometer lang werden soll?

Aufgabe 4 (IV):

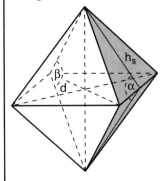

Ein Oktaeder hat eine Kantenlange von 8 cm.

a) Beschreiben Sie ein Oktaeder!

b) Bestimmen Sie den Neigungswinkel, den die Flächen und die Kanten miteinander bilden!

a) _____

_____

_____

Förderbedarf:

Freißler/Mayr: Bildungsstandards Mathematik 10. Klasse © Brigg Pädagogik Verlag GmbH, Augsburg

Thema: Trigonometrie		Lösungsblatt	
Inhalt: Sinus, Kosinus	**Schwierigkeitsgrad:** I – IV	**Kompetenz:** 1, 2, 3	**Leitidee:** 2

Wasserkraftwerk

Die Rohrleitung eines Wasserkraftwerks ist 440 m lang.
Die horizontale Entfernung beträgt 320 m (s. Skizze)

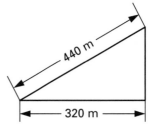

Aufgabe 1 (I):

a) Wie groß ist der Steigungswinkel?
b) Welchen Höhenunterschied überwindet die Leitung?
c) Überprüfen Sie das Ergebnis mit dem Satz des Pythagoras. Woraus resultiert der Unterschied?

a) $\cos \alpha = \dfrac{A}{H} = \dfrac{320}{440} \approx 0{,}7272$ → $\underline{\underline{\alpha \approx 43°}}$

b) $\sin \alpha = \dfrac{G}{H}$ $\quad | \cdot H$

$\sin 43° \cdot 440 = G$

$\underline{300 \quad \approx G}$

c) $\quad c^2 = a^2 + b^2$

$440^2 = 320^2 + 300^2$

$193\,600 = 102\,400 + 90\,000$

$\underline{193\,600 \neq 192\,400 \quad \text{Grund: Rundung bei } \cos \alpha!}$

Aufgabe 2 (II):

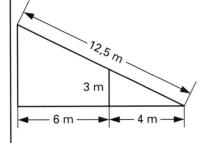

Die Schattenlinie eines Stabes folgt genau der Schattenlinie eines Baumes.
Zu dieser Skizze sind folgende Maße gegeben: 3 m – 4 m – 6 m – 12,5 m

a) Tragen Sie die Maße in die Karte ein. Die Höhe des Baumes ist unbekannt!
b) Berechnen Sie die Höhe des Baumes mit drei verschiedenen Lösungswegen!

b) ① $\dfrac{3}{4} = \dfrac{x}{10}$ $\quad | \cdot 40$

$30 = 4x$ $\quad | : 4$

$\underline{7{,}5 = x}$

③ $a^2 = (12{,}5\ m)^2 - (10\ m)^2$

$a^2 = 156{,}25\ m^2 - 100\ m^2$

$a^2 = 56{,}25\ m^2$ $\quad | \sqrt{\ }$

$\underline{a = 7{,}5\ m}$

② $\cos \alpha = \dfrac{10}{12{,}5} \approx 0{,}8$ → $\underline{\underline{\alpha \approx 36{,}87°}}$

$\sin 36{,}87 = \dfrac{x}{12{,}5}$ $\quad | \cdot 12{,}5$

$\sin 36{,}87 \cdot 12{,}5 = x$

$\underline{7{,}5 = x}$

Aufgabe 3 (III):

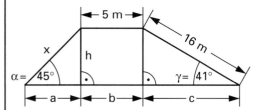

Vom Querschnitt eines Erdwalls sind die angegebenen Maße bekannt.
a) Wie viele m³ Erde benötigt man für den Erdwall, wenn dieser einen halben Kilometer lang werden soll?

① $\cos 41° = \dfrac{c}{16}$ | · 16

$\cos 41° \cdot 16 = c$

$\underline{\underline{12 \quad \approx c}}$

② $\sin 41° = \dfrac{h}{16}$ | · 16

$\sin 41° \cdot 16 = h$

$\underline{\underline{10,5 \quad \approx h}}$

③ $\sin 45° = \dfrac{10,5}{x}$ | · x

$\sin 45° \cdot x = 10,5$ | : $\sin 45°$

$x = \dfrac{10,5}{\sin 45°}$

$\underline{\underline{x \quad \approx 14,8}}$

④ $\cos 45° = \dfrac{a}{14,8}$ | · 14,8

$\cos 45° \cdot 14,8 = a$

$\underline{\underline{10,5 \quad \approx a}}$

⑤ $V = \dfrac{a + c}{2} \cdot h \cdot h_k$

$V = \dfrac{(10,5\,m + 5\,m + 12\,m) + 5\,m \cdot 10,5\,m \cdot 500\,m}{2}$

$\underline{\underline{V = 8\,531,25\ m^3}}$

Aufgabe 4 (IV):

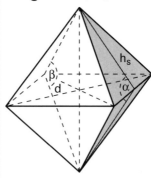

Ein Oktaeder hat eine Kantenlange von 8 cm.
a) Beschreiben Sie ein Oktaeder!
b) Bestimmen Sie den Neigungswinkel, den die Flächen und die Kanten miteinander bilden!

a) Oktaeder:

Doppelpyramide mit 12 gleichen Kantenlängen

b) Flächen: $h_s^2 = 8^2 - 4^2$

$h_s^2 = 48$ | $\sqrt{\ }$

$\underline{\underline{h_s \approx 7}}$

Kanten: $d^2 = 8^2 + 8^2$

$d^2 = 128$ | $\sqrt{\ }$

$\underline{\underline{d \approx 11,3}}$

→ $\dfrac{d}{2} \approx 5,65$

$\cos \dfrac{\alpha}{2} = \dfrac{4}{7} \approx \underline{\underline{0,57}}$

$\cos 0,57 \approx 55°$

→ $\underline{\underline{\alpha \approx 110°}}$

$\cos \dfrac{\beta}{2} = \dfrac{5,65}{8} \approx \underline{\underline{0,7}}$

$\cos 0,7 \approx 46°$

→ $\underline{\underline{\beta \approx 92°}}$

Förderbedarf:

Thema: Trigonometrie	Name:		
Inhalt: Sinus, Kosinus, Tangens	Schwierigkeitsgrad: I – IV	Kompetenz: 1, 2, 3	Leitidee: 2

A 380 – ein Gigant der Lüfte

Länge: 72,7 m
Spannweite: 79,8 m
Höhe: 24,1 m
Leergewicht: 291 000 kg
Schub: 1,244 MN

Maximales Startgewicht: 560 000 kg
Treibstoff-Kapazität: 310 000 l
Reichweite: 15 000 km
Erstflug: 27. April 2005
Listenpreis: ca. 250 Mio €

Aufgabe 1 (I):

Ein Verkehrsflugzeug startet und überfliegt nach kurzer Zeit eine 30 km entfernte Stadt.
a) Welche Höhe hat es erreicht, wenn der Steigungswinkel 6° beträgt?
   Fertigen Sie zunächst eine Skizze!

b) Wie hoch ist die durchschnittliche Geschwindigkeit in $\frac{km}{h}$, wenn das Flugzeug bis zu diesem Zeitpunkt 4 min in der Luft ist?

Aufgabe 2 (II):

Ein Kirchturm, der 80 m entfernt ist, erscheint unter einem Winkel von 32° zum Erdboden.
a) Wie hoch ist der Kirchturm?
b) Unter welchem Winkel sieht man die Kirche aus einer Entfernung von 200 m?
c) Wie groß ist die Entfernung, wenn man die Spitze unter einem Winkel von 20° sieht?
   Begründen Sie, warum die Lösung richtig sein kann!
d) Wie weit ist man entfernt, wenn der Winkel an der Spitze des Turms 30° beträgt?

Aufgabe 3 (III):

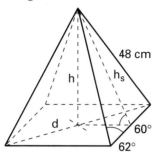

Berechnen Sie
a) die Länge der Grundkante a
b) die Länge der Seitenhöhe h_s
c) die Länge der Grundflächendiagonale d
d) die Körperhöhe der Pyramide

Aufgabe 4 (IV):

Eine Radarstation peilt einen zur Landung heranfliegenden Düsenjäger an und ermittelt alle 5 s die Entfernung a des Düsenjägers zur Radarstation sowie den Winkel α der Geraden zur Horizontalen.
Zwei aufeinanderfolgende Datensätze lauten:

$$r_1 = 7\,000 \text{ m}; \; \alpha_1 = 30° \qquad r_2 = 5\,000 \text{ m}; \; \alpha_2 = 35°$$

a) Erstellen Sie eine Skizze und berechnen Sie die jeweilige Höhe!

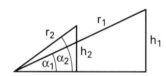

b) Der Lotse errechnet bei einer Entfernung von 4 000 m einen Winkel von 50°.
   Was hat der Pilot vor?

c) Ermitteln Sie die Geschwindigkeit $\left(\frac{km}{h}\right)$, wenn der Pilot bei der letzten Entfernungsmessung 2 s lang in der Luft war.

Förderbedarf:

Thema: Trigonometrie		Lösungsblatt	
Inhalt: Sinus, Kosinus, Tangens	**Schwierigkeitsgrad:** I – IV	**Kompetenz:** 1, 2, 3	**Leitidee:** 2

A 380 – ein Gigant der Lüfte

Länge: 72,7 m
Spannweite: 79,8 m
Höhe: 24,1 m
Leergewicht: 291 000 kg
Schub: 1,244 MN

Maximales Startgewicht: 560 000 kg
Treibstoff-Kapazität: 310 000 l
Reichweite: 15 000 km
Erstflug: 27. April 2005
Listenpreis: ca. 250 Mio €

Aufgabe 1 (I):

Ein Verkehrsflugzeug startet und überfliegt nach kurzer Zeit eine 30 km entfernte Stadt.

a) Welche Höhe hat es erreicht, wenn der Steigungswinkel 6° beträgt?
   Fertigen Sie zunächst eine Skizze!

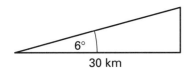

$$\tan 6° = \frac{x}{30} \quad | \cdot 30$$

$$\tan 6° \cdot 30 = x$$

$$\underline{\underline{3 \,[km]}} \approx x$$

b) Wie hoch ist die durchschnittliche Geschwindigkeit in $\frac{km}{h}$, wenn das Flugzeug bis zu diesem Zeitpunkt 4 min in der Luft ist?

$$s = v \cdot t \quad | : t$$

$$\frac{s}{t} = v$$

$\rightarrow$

$$v = \frac{30\ km}{\frac{1}{15}\ h} \quad (4\ min \,\hat{=}\, \tfrac{1}{15}\ h)$$

$$\underline{\underline{v = 450\ \tfrac{km}{h}}}$$

Aufgabe 2 (II):

Ein Kirchturm, der 80 m entfernt ist, erscheint unter einem Winkel von 32° zum Erdboden.

a) Wie hoch ist der Kirchturm?
b) Unter welchem Winkel sieht man die Kirche aus einer Entfernung von 200 m?
c) Wie groß ist die Entfernung, wenn man die Spitze unter einem Winkel von 20° sieht?
   Begründen Sie, warum die Lösung richtig sein kann!
d) Wie weit ist man entfernt, wenn der Winkel an der Spitze des Turms 30° beträgt?

a) $$\tan 32° = \frac{x}{80} \quad | \cdot 80$$

$$\tan 32° \cdot 80 = x$$

$$\underline{\underline{50}} \approx x$$

b) $$\tan \alpha = \frac{50}{200}; \tan \alpha = 0,25 \rightarrow \underline{\underline{\alpha = 14°}}$$

c) $$\tan 20° = \frac{50}{x} \quad | \cdot x$$

$$\tan 20° \cdot x = 50 \quad | : \tan 20°$$

$$x = \frac{50}{\tan 20°}$$

$$\underline{\underline{x \approx 137\ m}} \quad 32° \,\hat{=}\, 80\ m \rightarrow 20° \text{ muss weiter weg sein!}$$

d) $$180° - (90° + 30°) = \underline{\underline{60°}}$$

$$\tan 60° = \frac{50}{x} \quad | \cdot x$$

$$\tan 60° \cdot x = 50 \quad | : \tan 60°$$

$$x = \frac{50}{\tan 60°} \approx \underline{\underline{29\ m}}$$

Freißler/Mayr: Bildungsstandards Mathematik 10. Klasse © Brigg Pädagogik Verlag GmbH, Augsburg

Aufgabe 3 (III):

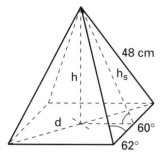

Berechnen Sie
a) die Länge der Grundkante a
b) die Länge der Seitenhöhe h_s
c) die Länge der Grundflächendiagonale d
d) die Körperhöhe der Pyramide

b) $\sin 62° = \dfrac{h_s}{48} \quad | \cdot 48$

$\sin 62° \cdot 48 = h_s$

$\underline{\underline{42 \approx h_s}}$

c) $a^2 + a^2 = d^2$

$45^2 + 45^2 = d^2$

$\underline{\underline{64 \approx d}}$

a) $\cos 62° = \dfrac{\frac{a}{2}}{48} \quad | \cdot 48$

$\cos 62° \cdot 48 = \dfrac{a}{2}$

$22,5 \approx \dfrac{a}{2}$

$\rightarrow \quad \underline{\underline{45 \approx a}}$

d) $\tan 60° = \dfrac{h}{\frac{a}{2}} \quad | \cdot \dfrac{a}{2}$

$\tan 60° \cdot 22,5 = h$

$\underline{\underline{39 \approx h}}$

Aufgabe 4 (IV):

Eine Radarstation peilt einen zur Landung heranfliegenden Düsenjäger an und ermittelt alle 5 s die Entfernung a des Düsenjägers zur Radarstation sowie den Winkel α der Geraden zur Horizontalen. Zwei aufeinanderfolgende Datensätze lauten:

$$r_1 = 7\,000 \text{ m}; \ \alpha_1 = 30° \qquad r_2 = 5\,000 \text{ m}; \ \alpha_2 = 35°$$

a) Erstellen Sie eine Skizze und berechnen Sie die jeweilige Höhe!

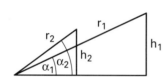

$\sin 30° = \dfrac{x}{7\,000} \quad | \cdot 7\,000$

$\sin 30° \cdot 7\,000 = x$

$\underline{\underline{3\,500 \approx x}}$

$\sin 35° = \dfrac{x}{5\,000} \quad | \cdot 5\,000$

$\sin 35° \cdot 5\,000 = x$

$\underline{\underline{2\,868 \approx x}}$

b) Der Lotse errechnet bei einer Entfernung von 4 000 m einen Winkel von 50°. Was hat der Pilot vor?

$\sin 50° = \dfrac{x}{4\,000} \quad | \cdot 4\,000$

$\sin 50° \cdot 4\,000 = x$

$\underline{\underline{3\,064 \approx x}}$ \qquad Der Pilot versucht wieder zu steigen!

c) Ermitteln Sie die Geschwindigkeit $\left(\frac{km}{h}\right)$, wenn der Pilot bei der letzten Entfernungsmessung 2 s lang in der Luft war.

$$v = \dfrac{s}{t} = \dfrac{1\,000 \text{ m}}{2 \text{ s}} = \underline{\underline{500 \ \tfrac{m}{s}}}$$

$$500 \ \tfrac{m}{s} \cdot 60 \cdot 60 = 1\,800\,000 \ \tfrac{m}{h} = \underline{\underline{1\,800 \ \tfrac{km}{h}}}$$

Förderbedarf:

 Freißler/Mayr: Bildungsstandards Mathematik 10. Klasse © Brigg Pädagogik Verlag GmbH, Augsburg

Thema: Lineare Funktionen		Name:	
Inhalt: Steigung von Geraden	**Schwierigkeitsgrad:** I – III	**Kompetenz:** 1, 2, 3, 4	**Leitidee:** 4

Autofahrer Achtung!

Eisenbahnen und Kraftfahrzeuge können nur geringe Steigungen überwinden. Im Gebirge setzt man deshalb Seilbahnen oder Zahnradbahnen ein, da diese sich für steile Strecken eignen. Eine Steigung von 8 % besagt, dass eine Strecke auf 100 m 8 m Höhenunterschied überwindet, was für den Autofahrer vor allem im Winter oft große Schwierigkeiten mit sich bringt.

Aufgabe 1 (I):

Stellen Sie die Steigung zeichnerisch dar (x-Achse: 1 cm = 10 m, y-Achse: 1 cm = 2 %).

Aufgabe 2 (II):

Kreuzen Sie die richtigen Aussagen an:

☐ Die Steigung 8 % ist der Quotient von senkrechter Höhe zur waagrechten Länge.

☐ Die Steigung 8 % ist der Quotient von waagrechter Länge zur senkrechten Höhe.

☐ Dieser Quotient ist für alle Punkte einer Geraden gleich.

☐ Dieser Quotient ist für die Punkte einer Geraden unterschiedlich.

☐ Je größer die Steigung, um so steiler verläuft die Gerade.

☐ Je größer die Steigung, um so flacher verläuft die Gerade.

☐ Eine Gerade, die die Steigung m hat und durch den Koordinatenursprung geht, hat die Gleichung y = mx + b.

☐ Eine Gerade, die die Steigung m hat und durch den Koordinatenursprung geht, hat die Gleichung y = mx.

Aufgabe 3 (II):

Bestimmen Sie den Steigungsfaktor, indem Sie das Bestimmungsdreieck einzeichnen!

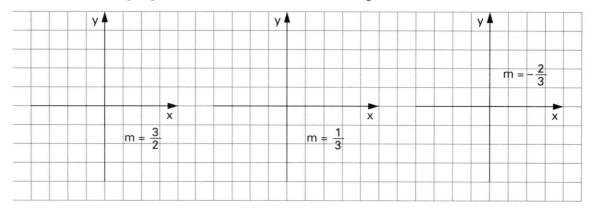

Aufgabe 4 (III):

Geben Sie die Funktion der Geraden an:

g_1: _____

g_2: _____

g_3: _____

g_4: _____

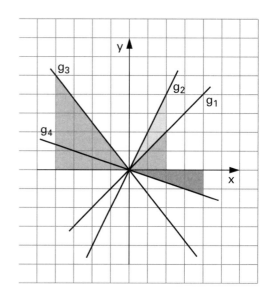

Aufgabe 5 (III):

Beantworten Sie die Fragen
durch Zeichnung.
Liegt der Punkt

- P (2/4)   auf g_1 ($y = 2x$)?

- Q (4/0,5)   auf g_2 ($y = \frac{1}{6}x$)?

- T (1,5/−1)   auf g_3 ($y = -\frac{2}{3}x$)?

- R (−2/−1,5) auf g_4 ($y = \frac{6}{7}x$)?

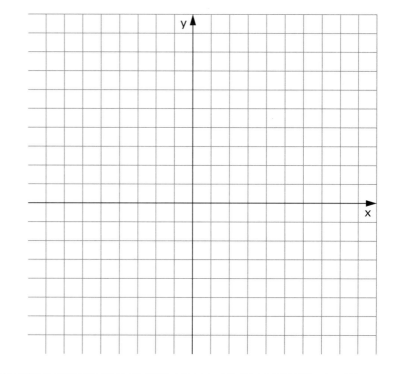

Förderbedarf:

Freißler/Mayr: Bildungsstandards Mathematik 10. Klasse © Brigg Pädagogik Verlag GmbH, Augsburg

Thema: Lineare Funktionen		Lösungsblatt	
Inhalt: Steigung von Geraden	**Schwierigkeitsgrad:** I – III	**Kompetenz:** 1, 2, 3, 4	**Leitidee:** 4

Autofahrer Achtung!

Eisenbahnen und Kraftfahrzeuge können nur geringe Steigungen überwinden. Im Gebirge setzt man deshalb Seilbahnen oder Zahnradbahnen ein, da diese sich für steile Strecken eignen. Eine Steigung von 8 % besagt, dass eine Strecke auf 100 m 8 m Höhenunterschied überwindet, was für den Autofahrer vor allem im Winter oft große Schwierigkeiten mit sich bringt.

Aufgabe 1 (I):

Stellen Sie die Steigung zeichnerisch dar (x-Achse: 1 cm = 10 m, y-Achse: 1 cm = 2 %).

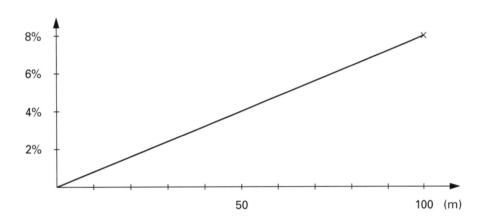

Aufgabe 2 (II):

Kreuzen Sie die richtigen Aussagen an:

☒ Die Steigung 8 % ist der Quotient von senkrechter Höhe zur waagrechten Länge.

☐ Die Steigung 8 % ist der Quotient von waagrechter Länge zur senkrechten Höhe.

☒ Dieser Quotient ist für alle Punkte einer Geraden gleich.

☐ Dieser Quotient ist für die Punkte einer Geraden unterschiedlich.

☒ Je größer die Steigung, um so steiler verläuft die Gerade.

☐ Je größer die Steigung, um so flacher verläuft die Gerade.

☐ Eine Gerade, die die Steigung m hat und durch den Koordinatenursprung geht, hat die Gleichung $y = mx + b$.

☒ Eine Gerade, die die Steigung m hat und durch den Koordinatenursprung geht, hat die Gleichung $y = mx$.

Aufgabe 3 (II):

Bestimmen Sie den Steigungsfaktor, indem Sie das Bestimmungsdreieck einzeichnen!

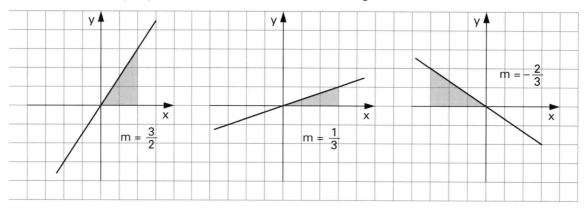

Aufgabe 4 (III):

Geben Sie die Funktion der Geraden an:

g_1: ___ $y = x$ ___

g_2: ___ $y = 2x$ ___

g_3: ___ $y = -\dfrac{5}{4}x$ ___

g_4: ___ $y = -\dfrac{1}{3}x$ ___

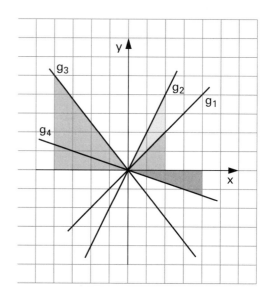

Aufgabe 5 (III):

Beantworten Sie die Fragen durch Zeichnung.
Liegt der Punkt

• P (2/4)   auf g_1 (y = 2x)?

• Q (4/0,5)   auf g_2 (y = $\dfrac{1}{6}$x)?

• T (1,5/–1)   auf g_3 (y = $-\dfrac{2}{3}$x)?

• R (–2/–1,5) auf g_4 (y = $\dfrac{6}{7}$x)?

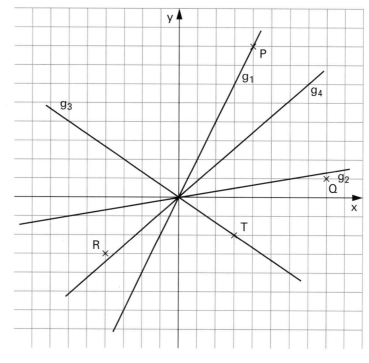

Förderbedarf:

Freißler/Mayr: Bildungsstandards Mathematik 10. Klasse © Brigg Pädagogik Verlag GmbH, Augsburg

Thema: Lineare Funktionen			Name:	
Inhalt: **Allgemeine lineare Funktion**	**Schwierigkeitsgrad:** I – III	**Kompetenz:** 1, 2, 3, 4	**Leitidee:** 4	

Erdölvorkommen in Bayern

Unablässig heben und senken sich die Pferde-kopfpumpen auf dem Ölfeld nahe der Ortschaft Großaitingen südlich von Augsburg. Der größte Ölförderbetrieb im Alpenvorland fördert derzeit rund 30 000 Tonnen pro Jahr; das entspricht einem Prozent der bundesdeutschen Förderung. Der Anteil der inländischen Quellen am gesamten deutschen Ölverbrauch beträgt drei Prozent.

Aufgabe 1 (I):

Ein Öltank enthält noch 1 000 l Öl. Aus einem Tankwagen mit einem Tankinhalt von 4 000 l fließen je Minute 200 l Öl in den Tank. Stellen Sie den Tankvorgang für die ersten zehn Minuten zeichnerisch dar (x-Achse: 1 cm = 1 min; y-Achse: 1 cm = 1 000 l)!

Aufgabe 2 (II):

Kreuzen Sie die richtigen Aussagen an:

☐ Eine allgemeine lineare Funktion, die nicht am Nullpunkt ihren Ursprung hat, lautet: $y = mx + b$.

☐ Dabei kann „b" auch ein negatives Vorzeichen besitzen.

☐ Dabei muss „b" immer ein positives Vorzeichen besitzen

☐ Die Funktion „Öltank" im obigen Beispiel lautet $y = 200x + 1 000$

☐ Die Funktion „Öltank" im obigen Beispiel lautet: $y = 200 x + 4 000$

☐ Die Funktion „Tankwagen" müsste lauten: $y = 200 x + 4 000$

☐ Die Funktion „Tankwagen" müsste lauten: $y = -200 x + 4 000$

Aufgabe 3 (II):

Bestimmen Sie die Funktionsgleichungen:

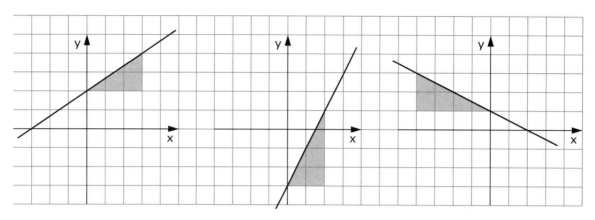

Aufgabe 4 (III):

Bestimmen Sie die Nullstelle bei folgenden Funktionen:

g_1: $y = -2x + 1$

g_2: $y = x + 2$

g_3: $y = -0{,}6x - 2$

g_4: $y = 0{,}25x - 0{,}5$

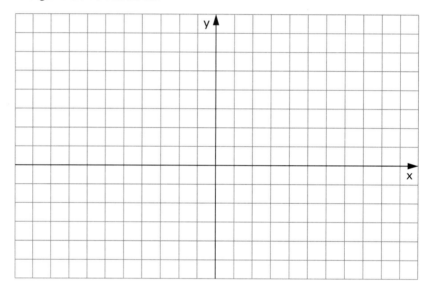

Aufgabe 5 (III):

Beantworten Sie die Fragen
durch Zeichnung.
Liegt der Punkt
- A (−2/0,5) auf g_1 ($y = 0{,}5x + 1{,}5$)?
- B (3/1)   auf g_2 ($y = 0{,}8x - 1$)?
- C (1/−1)   auf g_3 ($y = -1{,}5x + 0{,}5$)?
- D (−3/2)   auf g_4 ($y = 2$)?

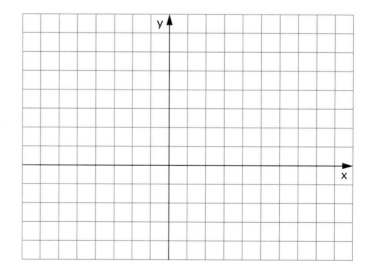

Förderbedarf:

Freißler/Mayr: Bildungsstandards Mathematik 10. Klasse © Brigg Pädagogik Verlag GmbH, Augsburg

Thema: Lineare Funktionen		Lösungsblatt	
Inhalt: Allgemeine lineare Funktion	**Schwierigkeitsgrad:** I – III	**Kompetenz:** 1, 2, 3, 4	**Leitidee:** 4

Erdölvorkommen in Bayern

Unablässig heben und senken sich die Pferde-kopfpumpen auf dem Ölfeld nahe der Ortschaft Großaitingen südlich von Augsburg. Der größte Ölförderbetrieb im Alpenvorland fördert derzeit rund 30 000 Tonnen pro Jahr; das entspricht einem Prozent der bundesdeutschen Förderung. Der Anteil der inländischen Quellen am gesamten deutschen Ölverbrauch beträgt drei Prozent.

Aufgabe 1 (I):

Ein Öltank enthält noch 1 000 l Öl. Aus einem Tankwagen mit einem Tankinhalt von 4 000 l fließen je Minute 200 l Öl in den Tank. Stellen Sie den Tankvorgang für die ersten zehn Minuten zeichnerisch dar (x-Achse: 1 cm = 1 min; y-Achse: 1 cm = 1 000 l)!

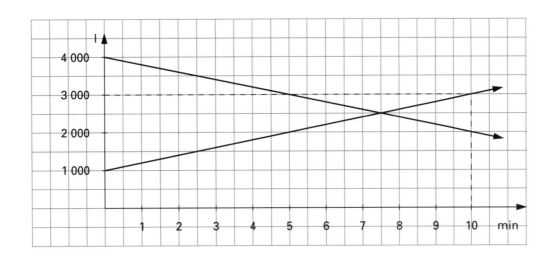

Aufgabe 2 (II):

Kreuzen Sie die richtigen Aussagen an:

- ☒ Eine allgemeine lineare Funktion, die nicht am Nullpunkt ihren Ursprung hat, lautet: $y = mx + b$.
- ☒ Dabei kann „b" auch ein negatives Vorzeichen besitzen.
- ☐ Dabei muss „b" immer ein positives Vorzeichen besitzen
- ☒ Die Funktion „Öltank" im obigen Beispiel lautet $y = 200x + 1 000$
- ☐ Die Funktion „Öltank" im obigen Beispiel lautet: $y = 200 x + 4 000$
- ☐ Die Funktion „Tankwagen" müsste lauten: $y = 200 x + 4 000$
- ☒ Die Funktion „Tankwagen" müsste lauten: $y = -200 x + 4 000$

Aufgabe 3 (II):

Bestimmen Sie die Funktionsgleichungen:

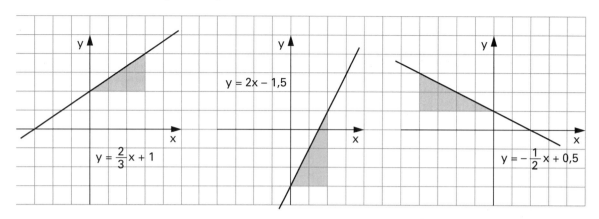

Aufgabe 4 (III):

Bestimmen Sie die Nullstelle bei folgenden Funktionen:

g_1: $y = -2x + 1$
g_2: $y = x + 2$
g_3: $y = -0,6x - 2$
g_4: $y = 0,25x - 0,5$

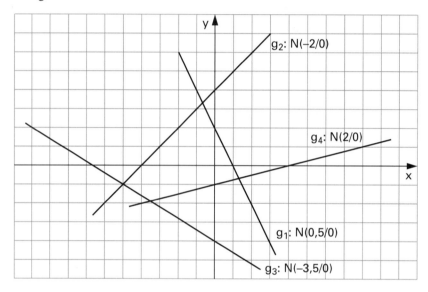

Aufgabe 5 (III):

Beantworten Sie die Fragen
durch Zeichnung.
Liegt der Punkt
- A $(-2/0,5)$ auf g_1 $(y = 0,5x + 1,5)$?
- B $(3/1)$ auf g_2 $(y = 0,8x - 1)$?
- C $(1/-1)$ auf g_3 $(y = -1,5x + 0,5)$?
- D $(-3/2)$ auf g_4 $(y = 2)$?

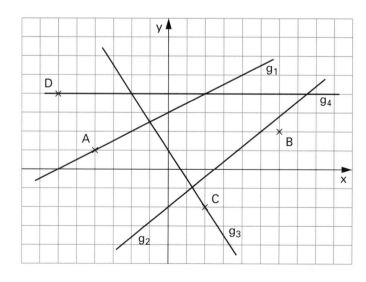

Förderbedarf:

Freißler/Mayr: Bildungsstandards Mathematik 10. Klasse © Brigg Pädagogik Verlag GmbH, Augsburg

Thema: Lineare Funktionen			Name:	
Inhalt: Geradengleichungen bestimmen	Schwierigkeitsgrad: I – III	Kompetenz: 1, 2, 3, 4		Leitidee: 4

Wie bestimmt man die Funktion einer Geraden rechnerisch?

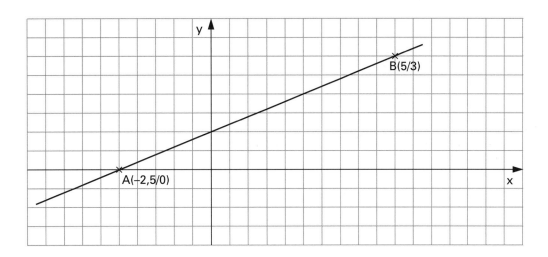

Aufgabe 1 (I):

Bestimmen Sie rechnerisch die Funktion der Geradengleichung mit den Punkten A (–2,5/0) und B (5/3)!

Aufgabe 2 (II):

Wird sich am Steigungsfaktor etwas ändern, wenn man nun die Koordinaten des Punktes A als y_2 bzw. y_1 bezeichnet?
Begründen Sie Ihre Meinung und beweisen Sie diese durch Rechnung!

Aufgabe 3 (II):

Stellen Sie durch die Punktprobe fest, ob die Punkte A (3/1) und B (–3/–9) auf der Geraden mit der Gleichung y = 2x – 3 liegen!

Punkt A: Punkt B:

Aufgabe 4 (III):

Funktionsgleichungen sind nicht immer in der Normalform gegeben.
Nur drei der folgenden jeweils vier Funktionsgleichungen bezeichnen die gleiche Gerade. Streichen Sie die hier falsche Gleichung durch!

g_1: y = –3x – 5   24x + 8y = – 40;   3x + y = 5;   75x + 25y = –125;

g_2: 4y = – 6x + 32;   y = –1,5x – 8;   0,25y = – 0,375x – 2; $\frac{2}{3}$y = –x – 5$\frac{1}{3}$;

g_3: $\frac{1}{4}$y = 0,1875x + 0,1;   y = $\frac{3}{4}$x + 0,4;   –3,75x + 5y = 2;   –$\frac{3}{4}$x = 0,4 – y;

Aufgabe 5 (IV):

Von einer Geradengleichung ist bekannt, dass der Punkt A die Koordinaten (8/3) besitzt. Der Achsenabschnitt b hat den Wert (–13).
a) Wie groß ist der Steigungsfaktor?
b) Berechnen Sie die Nullstelle dieser Geraden!

Förderbedarf:

Thema: Lineare Funktionen		Lösungsblatt	
Inhalt: Geradengleichungen bestimmen	Schwierigkeitsgrad: I – III	Kompetenz: 1, 2, 3, 4	Leitidee: 4

Wie bestimmt man die Funktion einer Geraden rechnerisch?

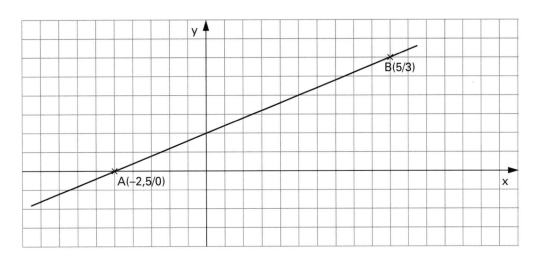

Aufgabe 1 (I):

Bestimmen Sie rechnerisch die Funktion der Geradengleichung mit den Punkten A (–2,5/0) und B (5/3)!

1. Steigungsfaktor berechnen:

$$m = \frac{y_2 - y_1}{x_2 - x_1} = \frac{3 - 0}{5 - (-2,5)} = \frac{3}{7,5} = \frac{2}{5} = 0,4$$

2. y-Achsenabschnitt berechnen:

$y = mx + b$	oder	$y = mx + b$
$0 = 0,4 \cdot (-2,5) + b$		$3 = 0,4 \cdot 5 + b$
$0 = -1 + b$		$3 = 2 + b$
$1 = b$		$3 - 2 = b$
		$1 = b$

3. Funktionsgleichung aufstellen:

$$y = 0,4x + 1$$

Aufgabe 2 (II):

Wird sich am Steigungsfaktor etwas ändern, wenn man nun die Koordinaten des Punktes A als y_2 bzw. y_1 bezeichnet?
Begründen Sie Ihre Meinung und beweisen Sie diese durch Rechnung!

Am Steigungsfaktor wird sich nichts ändern, weil ihre Lage im Koordinatensystem gleich bleibt.

$$m = \frac{y_2 - y_1}{x_2 - x_1} = \frac{0 - 3}{-2,5 - 5} = \frac{-3}{-7,5} = \frac{2}{5} = 0,4$$

Aufgabe 3 (II):

Stellen Sie durch die Punktprobe fest, ob die Punkte A (3/1) und B (–3/–9) auf der Geraden mit der Gleichung $y = 2x - 3$ liegen!

Punkt A: $y = 2x - 3$ Punkt B: $y = 2x - 3$

$\qquad 1 = 2 \cdot 3 - 3 \qquad\qquad\qquad -9 = 2 \cdot (-3) - 3$

$\qquad 1 = 6 - 3 \qquad\qquad\qquad\qquad -9 = -6 - 3$

$\qquad \underline{\underline{1 \neq 3}} \ \rightarrow \ \text{nein!} \qquad\qquad \underline{\underline{-9 = -9}} \ \rightarrow \ \text{ja!}$

Aufgabe 4 (III):

Funktionsgleichungen sind nicht immer in der Normalform gegeben.
Nur drei der folgenden jeweils vier Funktionsgleichungen bezeichnen die gleiche Gerade. Streichen Sie die hier falsche Gleichung durch!

g_1: $y = -3x - 5$ $24x + 8y = -40;$ ~~$3x + y = 5;$~~ $75x + 25y = -125;$

g_2: ~~$4y = -6x + 32;$~~ $y = -1,5x - 8;$ $0,25y = -0,375x - 2;$ $\frac{2}{3}y = -x - 5\frac{1}{3};$

g_3: $\frac{1}{4}y = 0,1875x + 0,1;$ $y = \frac{3}{4}x + 0,4;$ $-3,75x + 5y = 2;$ ~~$-\frac{3}{4}x = 0,4 - y;$~~

Aufgabe 5 (IV):

Von einer Geradengleichung ist bekannt, dass der Punkt A die Koordinaten (8/3) besitzt. Der Achsenabschnitt b hat den Wert (–13).
a) Wie groß ist der Steigungsfaktor?
b) Berechnen Sie die Nullstelle dieser Geraden!

a) $y \quad = mx + b$ b) $y = mx + b$

$\qquad 3 \quad = m \cdot 8 - 13 \qquad\qquad 0 = 2x - 13$

$\qquad 3 + 13 = 8m \qquad\qquad\qquad 13 = 2x \quad | : 2$

$\qquad 16 \quad = 8m \ | : 8 \qquad\qquad \underline{\underline{6,5 = x}} \ \rightarrow \ \underline{\underline{N \ (6,5/0)}}$

$\qquad \underline{\underline{2 = m}}$

Förderbedarf:

Thema: Lineare Funktionen			Name:	
Inhalt: Schnittpunkte zweier Geraden	Schwierigkeitsgrad: I – IV	Kompetenz: 1, 2, 3, 4		Leitidee: 4

Zwei Geraden schneiden sich

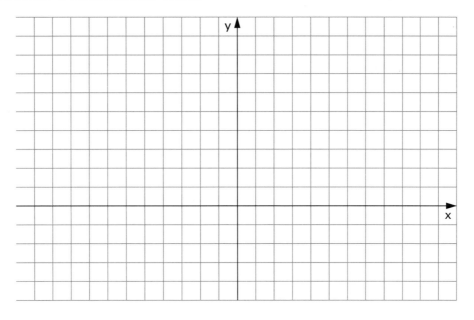

Aufgabe 1 (I):

Bestimmen Sie zeichnerisch den Schnittpunkt der beiden Geraden mit den Funktionen g_1 ($y = \frac{1}{3}x + 3$) und g_2 ($y = -x - 1$)!

Aufgabe 2 (II):

Bestimmen Sie rechnerisch den Schnittpunkt der beiden Geraden!

Aufgabe 3 (III):

Tragen Sie in das Koordinatensystem die Gerade g_1 mit der Funktionsgleichung $y = 0,4x - 1$ ein.
Eine Gerade g_2 schneidet g_1 im rechten Winkel im Punkt A (2,5/0).
a) Tragen Sie die Gerade g_1 in das Koordinatensystem ein!
b) Zeichnen Sie die Gerade g_2 ein!
c) Entnehmen Sie die Funktionsgleichung von g_2 aus der Zeichnung!
d) Beschreiben Sie m_2 im Vergleich zu m_1!

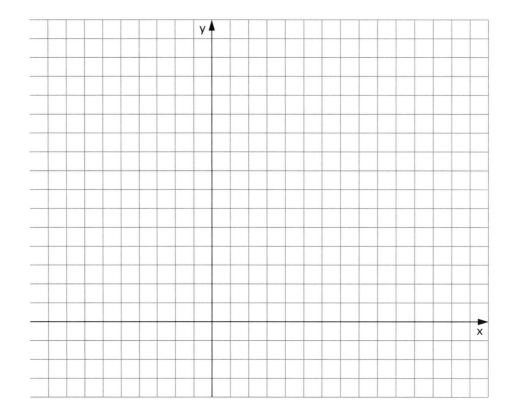

d) _____

_____

_____

Aufgabe 4 (IV):

Formulieren Sie Ihre Erkenntnis aus 3d) als allgemeingültige Formel zur Berechnung des Steigungsfaktors „m" bei aufeinander senkrecht stehenden Geraden!
Beweisen Sie Ihre Aussage durch Berechnung!
Erstellen Sie die Probe durch Umkehrung der Berechnung!

Förderbedarf:

Freißler/Mayr: Bildungsstandards Mathematik 10. Klasse © Brigg Pädagogik Verlag GmbH, Augsburg

Thema: Lineare Funktionen		Lösungsblatt	
Inhalt: Schnittpunkte zweier Geraden	**Schwierigkeitsgrad:** I – IV	**Kompetenz:** 1, 2, 3, 4	**Leitidee:** 4

Zwei Geraden schneiden sich

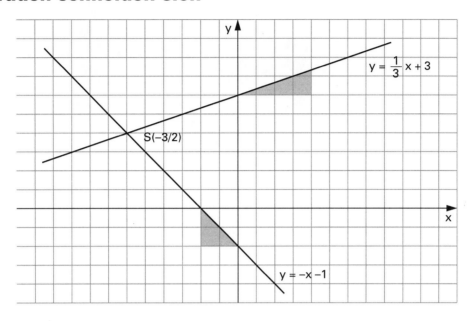

Aufgabe 1 (I):

Bestimmen Sie zeichnerisch den Schnittpunkt der beiden Geraden mit den Funktionen g_1 ($y = \frac{1}{3}x + 3$) und g_2 ($y = -x - 1$)!

Aufgabe 2 (II):

Bestimmen Sie rechnerisch den Schnittpunkt der beiden Geraden!

1. Funktionsgleichungen gleichsetzen:

$$\frac{1}{3}x + 3 = -x - 1$$

2. x-Wert berechnen:

$$\frac{1}{3}x + 3 = -x - 1 \qquad\qquad \frac{4}{3}x = -4 \quad \Big| \cdot \frac{3}{4}$$

$$\frac{1}{3}x + x = -1 - 3 \qquad\qquad \underline{\underline{x = -3}}$$

3. x-Wert in eine der beiden Gleichungen einsetzen:

$$y = \frac{1}{3}x + 3 \qquad \boxed{\text{oder}} \qquad y = -x - 1$$

$$y = \frac{1}{3} \cdot -3 + 3 \qquad\qquad y = -(-3) - 1$$

$$\underline{\underline{y = 2}} \qquad\qquad\qquad \underline{\underline{y = 2}}$$

4. Koordinaten des Schnittpunktes angeben:

$$\underline{\underline{S(-3/2)}}$$

Aufgabe 3 (III):

Tragen Sie in das Koordinatensystem die Gerade g_1 mit der Funktionsgleichung $y = 0{,}4x - 1$ ein.
Eine Gerade g_2 schneidet g_1 im rechten Winkel im Punkt A (2,5/0).
a) Tragen Sie die Gerade g_1 in das Koordinatensystem ein!
b) Zeichnen Sie die Gerade g_2 ein!
c) Entnehmen Sie die Funktionsgleichung von g_2 aus der Zeichnung!
d) Beschreiben Sie m_2 im Vergleich zu m_1!

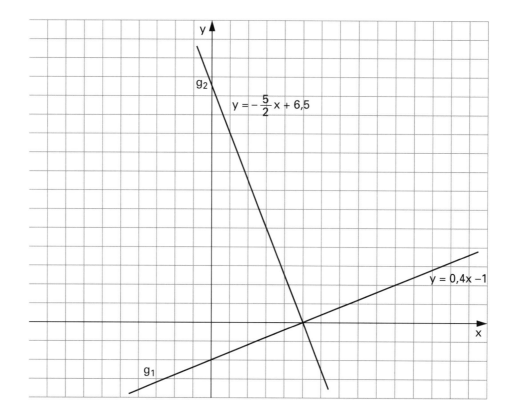

d) Die Steigung m_2 stellt den Kehrwert der Steigung m_1 mit

umgekehrtem Vorzeichen dar:

Aus $m = \frac{2}{5}$ wird $m = -\frac{5}{2}$!

Aufgabe 4 (IV):

Formulieren Sie Ihre Erkenntnis aus 3d) als allgemeingültige Formel zur Berechnung des Steigungsfaktors „m" bei aufeinander senkrecht stehenden Geraden!
Beweisen Sie Ihre Aussage durch Berechnung!
Erstellen Sie die Probe durch Umkehrung der Berechnung!

$$m_2 = \frac{-1}{m_1} \qquad \rightarrow m_2 = \frac{-1}{\frac{2}{5}} = -\frac{1}{1} : \frac{2}{5} = -\frac{1}{1} \cdot \frac{5}{2} = \underline{\underline{-\frac{5}{2}}}$$

Umkehrung:

$$\rightarrow m_1 = \frac{-1}{m_2} = \frac{-1}{-\frac{5}{2}} = -\frac{1}{1} : -\frac{5}{2} = -\frac{1}{1} \cdot -\frac{2}{5} = \underline{\underline{\frac{2}{5}}}$$

Förderbedarf:

Freißler/Mayr: Bildungsstandards Mathematik 10. Klasse © Brigg Pädagogik Verlag GmbH, Augsburg

Thema: Lineare Funktionen		Name:	
Inhalt: Anwendungsbeispiele	Schwierigkeitsgrad: I – IV	Kompetenz: 1, 2, 3, 4	Leitidee: 4

Sportwagen-Träume

Herr Bender schwärmt von schnellen Autos und möchte sich am Wochenende einen Sportwagen ausleihen. Die Firma „Sportwagen-Müller" erhebt eine Grundgebühr von 200 € und pro Stunde 40 € Leihgebühr extra. Die Firma „Top-Car" berechnet 80 € pro Stunde ohne Grundpreis.

Aufgabe 1 (II):

a) Zeichnen Sie beide Graphen in ein Koordinatensystem ein (x-Achse: 1 cm = 1 h, y-Achse: 1 cm = 100 €)! Stellen Sie die Funktionsgleichungen auf!

b) Ermitteln Sie durch Rechnung, bei welcher Ausleihzeit Herr Müller bei beiden Firmen den gleichen Preis bezahlen müsste!

c) Herr Bender leiht den Sportwagen um 9.00 Uhr aus; ab welcher Zeit fährt er im Vergleich zur Firma „Top-Car" billiger?

d) Stellen Sie eine Funktionsgleichung auf, die eine teurere Preisgestaltung beinhaltet!

Aufgabe 2 (III):

Zeichnen Sie in das Koordinatensystem eine Gerade g_1 mit den Punkten A (–2/0) und B (0/–3,5).

a) Spiegeln Sie nun diese Gerade an der y-Achse (= g_2)!
b) Spiegeln Sie anschließend g_1 an der x-Achse (= g_3)!
c) Spiegeln Sie nun g_3 an der y-Achse (= g_4)! Welche Figur entsteht durch die Schnittpunkte der Geraden?
   Ergänzen Sie die fehlenden Benennungen!
d) Geben Sie die Funktionsgleichungen der vier Geraden an!

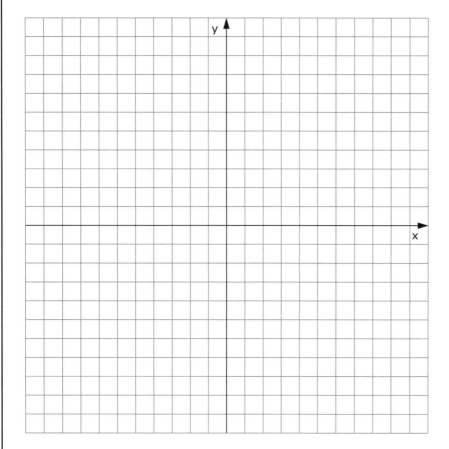

g_1:

g_2:

g_3:

g_4:

Aufgabe 3 (IV):

Was wurde hier berechnet? Ergänzen Sie die fehlenden Elemente!

$$\boxed{} = \frac{3,5}{2} = \boxed{} \rightarrow \boxed{} \approx \boxed{} \rightarrow \underline{}$$

$$\rightarrow \underline{} ; \underline{} ; \underline{}$$

Förderbedarf:

Freißler/Mayr: Bildungsstandards Mathematik 10. Klasse © Brigg Pädagogik Verlag GmbH, Augsburg

Thema: Lineare Funktionen		Lösungsblatt	
Inhalt: Anwendungsbeispiele	Schwierigkeitsgrad: I – IV	Kompetenz: 1, 2, 3, 4	Leitidee: 4

Sportwagen-Träume

Herr Bender schwärmt von schnellen Autos und möchte sich am Wochenende einen Sportwagen ausleihen. Die Firma „Sportwagen-Müller" erhebt eine Grundgebühr von 200 € und pro Stunde 40 € Leihgebühr extra. Die Firma „Top-Car" berechnet 80 € pro Stunde ohne Grundpreis.

Aufgabe 1 (II):

a) Zeichnen Sie beide Graphen in ein Koordinatensystem ein (x-Achse: 1 cm = 1 h, y-Achse: 1 cm = 100 €)! Stellen Sie die Funktionsgleichungen auf!

b) Ermitteln Sie durch Rechnung, bei welcher Ausleihzeit Herr Müller bei beiden Firmen den gleichen Preis bezahlen müsste!

c) Herr Bender leiht den Sportwagen um 9.00 Uhr aus; ab welcher Zeit fährt er im Vergleich zur Firma „Top-Car" billiger?

d) Stellen Sie eine Funktionsgleichung auf, die eine teurere Preisgestaltung beinhaltet!

a)

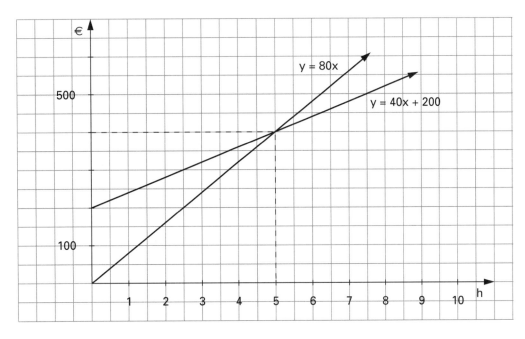

b) $80x = 40x + 200$

$80x - 40x = 200$

$40x = 200 \quad | : 40$

$\underline{\underline{x = 5}}$

Nach 5 Stunden müsste

jeder 400 € bezahlen!

c) Er fährt ab 14.00 billiger.

d) $y = 100x \ldots$

Aufgabe 2 (III):

Zeichnen Sie in das Koordinatensystem eine Gerade g_1 mit den Punkten A (–2/0) und B (0/–3,5).
a) Spiegeln Sie nun diese Gerade an der y-Achse (= g_2)!
b) Spiegeln Sie anschließend g_1 an der x-Achse (= g_3)!
c) Spiegeln Sie nun g_3 an der y-Achse (= g_4)! Welche Figur entsteht durch die Schnittpunkte der Geraden? Ergänzen Sie die fehlenden Benennungen!
d) Geben Sie die Funktionsgleichungen der vier Geraden an!

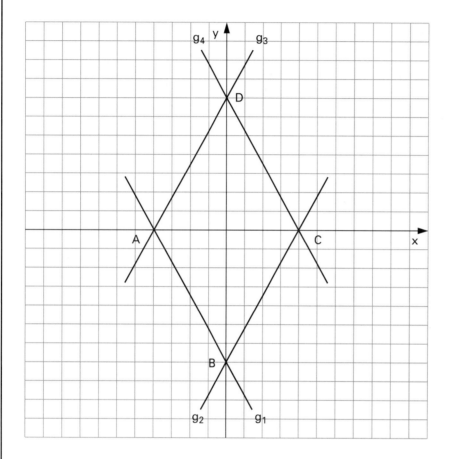

g_1: $y = -\dfrac{7}{4}x - 3{,}5$

g_2: $y = \dfrac{7}{4}x - 3{,}5$

g_3: $y = -\dfrac{7}{4}x + 3{,}5$

g_4: $y = \dfrac{7}{4}x + 3{,}5$

Aufgabe 3 (IV):

Was wurde hier berechnet? Ergänzen Sie die fehlenden Elemente!

$$\tan\frac{\alpha}{2} = \boxed{\dfrac{3{,}5}{2}} = \boxed{1{,}75} \rightarrow \boxed{\dfrac{\alpha}{2}} \approx \boxed{60°} \rightarrow \underline{\alpha \approx 120°}$$

$$\rightarrow \quad \underline{\beta \approx 60°} \quad ; \quad \underline{\gamma \approx 120°} \quad ; \quad \underline{\delta \approx 60°}$$

Förderbedarf:

 Freißler/Mayr: Bildungsstandards Mathematik 10. Klasse © Brigg Pädagogik Verlag GmbH, Augsburg

Thema: Quadratische Funktionen und Gleichungen	Name:

Inhalt: Binomische Formeln und quadratische Ergänzung	Schwierigkeitsgrad: I – IV	Kompetenz: 1, 2, 3, 5	Leitidee: 4

Baugrundstücke ausmessen

Beim Ausmessen eines quadratischen Grundstücks wurde versehentlich die Breite um 1 m zu kurz und die Länge um 1 m zu weit abgesteckt. Der mit der Ausmessung beauftragte Mitarbeiter des Bauhofs meint: „Das macht nichts, Der Flächeninhalt bleibt der gleiche!"

Aufgabe 1 (I):

Stellen Sie die erste binomische Formel zeichnerisch und rechnerisch dar!

Aufgabe 2 (II):

Stellen Sie die zweite binomische Formel zeichnerisch und rechnerisch dar!

Aufgabe 3 (III):

Stellen Sie die dritte binomische Formel zeichnerisch und rechnerisch dar!

Aufgabe 4 (I):

Rechnen Sie mit der passenden binomischen Formel (Kopfrechnen)!

a) $(x + y)^2 =$ [____]

b) $(5 - a)^2 =$ [____]

c) $(z + 4)(z - 4) =$ [____]

d) $(\frac{1}{2} + z)^2 =$ [____]

Aufgabe 5 (II):

Berechnen Sie mit Hilfe der ersten oder zweiten binomischen Formel (Kopfrechnen)!

a) $12^2 = (10 + 2)^2 =$ [____]

b) $7^2 =$ [____]

c) $98^2 =$ [____]

d) $79^2 =$ [____]

Aufgabe 6 (II):

Berechnen Sie mit Hilfe der dritten binomischen Formel (Kopfrechnen)!

a) $22 \cdot 18 = (20 + 2)(20 - 2) =$ [____]

b) $21 \cdot 19 =$ [____]

c) $67 \cdot 73 =$ [____]

d) $36 \cdot 44 =$ [____]

Aufgabe 7 (II):

Vervollständigen Sie das Binom durch eine quadratische Ergänzung!

a) $x^2 + 10x +$ [____] $=$ [____]

b) $a^2 - a +$ [____] $=$ [____]

c) $d^2 + 7d +$ [____] $=$ [____]

d) $b^2 - \frac{1}{2}b +$ [____] $=$ [____]

Aufgabe 8 (III):

Wo stecken die Fehler?

a) $(r - \frac{1}{2}x)^2 = r^2 - \frac{1}{2}x + \frac{1}{4}x^2$

b) $(\sqrt{2} + 0{,}5)^2 = 2 + 2 - 0{,}25;$

c) $\left(\frac{1}{3}a + \sqrt{\frac{1}{4}}b\right)^2 = \frac{1}{9}a^2 + \frac{1}{3}ab + \frac{1}{4}b^2$

d) $(\frac{1}{5} + x^2)(\frac{1}{5} - x^2) = 0{,}4 - x^4$

Aufgabe 9 (IV):

Welche Fläche umfasste das ursprüngliche Quadrat, um welche Größe wurden die Seiten verlängert, wenn das neue Quadrat folgende Fläche aufweist:

$a^2 + 8a + 16?$ Ursprüngliche Fläche: [____] ; Verlängerung: [____] ;

Wie groß war die Seite des ursprünglichen Quadrats, wenn der neue Flächeninhalt 100 cm^2 beträgt?

Förderbedarf:

Freißler/Mayr: Bildungsstandards Mathematik 10. Klasse © Brigg Pädagogik Verlag GmbH, Augsburg

Thema: Quadratische Funktionen und Gleichungen	Lösungsblatt
Inhalt: Binomische Formeln und quadratische Ergänzung	**Schwierigkeitsgrad:** I – IV **Kompetenz:** 1, 2, 3, 5 **Leitidee:** 4

Baugrundstücke ausmessen

Die Schüler klären zunächst die Fragestellung – Stimmt diese Aussage? – und machen sich dann an die Beantwortung, indem sie die Lösungs-Strategie entwerfen: Sie nehmen ein beliebiges Beispiel, rechnen nach und kommen zu der Erkenntnis: Diese Aussage ist falsch!

Aufgabe 1 (I):

Stellen Sie die erste binomische Formel zeichnerisch und rechnerisch dar!

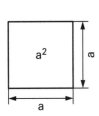 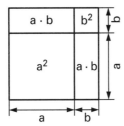 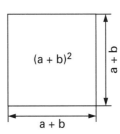

$A = a \cdot a$ $A = a^2 + (a \cdot b) + (a \cdot b) + b^2$ $A = (a + b)(a + b)$

$A = a^2$ $A = a^2 + 2(a \cdot b) + b^2$ $A = a^2 + ab + ab + b^2$

$A = a^2 + 2(ab) + b^2$

$$(a + b)^2 = a^2 + 2ab + b^2$$

Aufgabe 2 (II):

Stellen Sie die zweite binomische Formel zeichnerisch und rechnerisch dar!

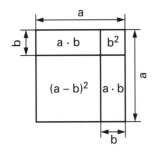

$A = a^2 - b \cdot (a - b) - b \cdot (a - b) - b^2$

$A = a^2 - 2 \cdot b \cdot (a - b) - b^2$

$A = a^2 - 2ab + 2b^2 - b^2$

$A = a^2 - 2ab + b^2$

$$(a - b)^2 = a^2 - 2ab + b^2$$

Aufgabe 3 (III):

Stellen Sie die dritte binomische Formel zeichnerisch und rechnerisch dar!

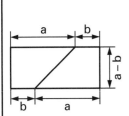 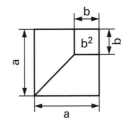

$A = (a + b) \cdot (a - b)$

$A = a^2 - ab + ab - b^2$

$A = a^2 - b^2$

$$(a + b)(a - b) = a^2 - b^2$$

Freißler/Mayr: Bildungsstandards Mathematik 10. Klasse © Brigg Pädagogik Verlag GmbH, Augsburg

Aufgabe 4 (I):

Rechnen Sie mit der passenden binomischen Formel (Kopfrechnen)!

a) $(x + y)^2 =$ | $x^2 + 2xy + y^2$

b) $(5 - a)^2 =$ | $25 - 10a + a^2$

c) $(z + 4)(z - 4) =$ | $z^2 - 16$

d) $(\frac{1}{2} + z)^2 =$ | $\frac{1}{4} + z + z^2$

Aufgabe 5 (II):

Berechnen Sie mit Hilfe der ersten oder zweiten binomischen Formel (Kopfrechnen)!

a) $12^2 = (10 + 2)^2 =$ | $100 + 40 + 4 = 144$

b) $7^2 =$ | $(10 - 3)^2 = 100 - 60 + 9 = 49$

c) $98^2 =$ | $(100 - 2)^2 = 10\,000 - 400 + 4 = 9\,604$

d) $79^2 =$ | $(80 - 1)^2 = 6\,400 - 160 + 1 = 6\,241$

Aufgabe 6 (II):

Berechnen Sie mit Hilfe der dritten binomischen Formel (Kopfrechnen)!

a) $22 \cdot 18 = (20 + 2)(20 - 2) =$ | $400 - 4 = 396$

b) $21 \cdot 19 =$ | $(20 + 1)(20 - 1) = 400 - 1 = 399$

c) $67 \cdot 73 =$ | $(70 - 3)(70 + 3) = 4\,900 - 9 = 4\,891$

d) $36 \cdot 44 =$ | $(40 - 4)(40 + 4) = 1\,600 - 16 = 1\,584$

Aufgabe 7 (II):

Vervollständigen Sie das Binom durch eine quadratische Ergänzung!

a) $x^2 + 10x +$ | 25 | $=$ | $(x + 5)^2$

b) $a^2 - a +$ | $0,25$ | $=$ | $(a - 0,5)^2$

c) $d^2 + 7d +$ | $12,25$ | $=$ | $(d + 3,5)^2$

d) $b^2 - \frac{1}{2}b +$ | $\frac{1}{16}$ | $=$ | $(b - \frac{1}{4})^2$

Aufgabe 8 (III):

Wo stecken die Fehler?

a) $(r - \frac{1}{2}x)^2 = r^2 - \frac{1}{2}x + \frac{1}{4}x^2$ (über dem $\frac{1}{2}x$ steht: r)

b) $(\sqrt{2} + 0,5)^2 = 2 + \underline{2} - 0,25;$ (über der 2 steht: $\sqrt{2}$ +)

c) $\left(\frac{1}{3}a + \sqrt{\frac{1}{4}}b\right)^2 = \frac{1}{9}a^2 + \frac{1}{3}ab + \frac{1}{4}b^2$ ✓

d) $(\frac{1}{5} + x^2)(\frac{1}{5} - x^2) = \underline{0,4} - x^4$ (über der $0,4$ steht: $0,04$)

Aufgabe 9 (IV):

Welche Fläche umfasste das ursprüngliche Quadrat, um welche Größe wurden die Seiten verlängert, wenn das neue Quadrat folgende Fläche aufweist:

$a^2 + 8a + 16$?   Ursprüngliche Fläche: | a^2 | ; Verlängerung: | $+4$ | ;

Wie groß war die Seite des ursprünglichen Quadrats, wenn der neue Flächeninhalt 100 cm^2 beträgt?

__6 cm__ , weil: $a^2 + 8a + 16 = 36 + 48 + 16 = 100$

Förderbedarf:

Freißler/Mayr: Bildungsstandards Mathematik 10. Klasse © Brigg Pädagogik Verlag GmbH, Augsburg

Thema: Quadratische Funktionen und Gleichungen	Name:		
Inhalt: Normalparabel	**Schwierigkeitsgrad:** I – III	**Kompetenz:** 1, 2, 3, 4, 5	**Leitidee:** 4

Normalparabeln im Koordinatensystem

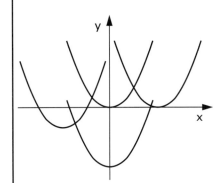

- Der Graph einer Funktion $y = x^2 + q$ ist eine Normalparabel, die entlang der y-Achse verschoben ist. (1)
- Die Funktionsgleichung in der Form $y = (x - x_s)^2 + y$ ist die Scheitelpunktgleichung der Normalparabel. (2)
- Der Graph einer Funktion $y = x^2$ ist eine Normalparabel mit dem Scheitelpunkt S (0/0). (3)
- Der Graph einer Funktion $y = (x - p)^2$ ist eine Normalparabel, die entlang der x-Achse verschoben ist. (4)

Aufgabe 1 (II):

Geben Sie den Scheitelpunkt der Funktionen an und tragen Sie die Parabeln in das Koordinatensystem ein!

$y = x^2$; S (⬚);

$y = (x - 3)^2 + 1$; S (⬚);

$y = x^2 - 3$; S (⬚);

$y = (x + 4)^2$; S (⬚);

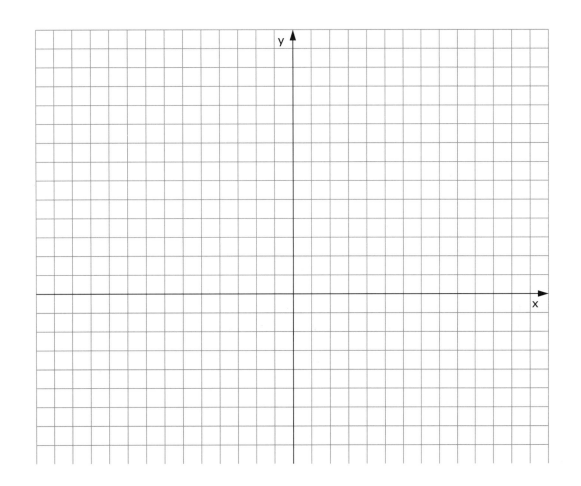

Aufgabe 2 (III):

Formen Sie, wenn nötig, in die Scheitelpunktform um, bestimmen Sie den Scheitelpunkt der Normalparabel und zeichnen Sie die Graphen in das Koordinatensystem ein!

$y = x^2 + 8x + 13$ $y = x^2 - 9x + 22{,}25$

$y = x^2 - 2 \quad \rightarrow \quad \underline{\underline{\qquad\qquad}}$ $y = x^2 - 5x + 6{,}25$

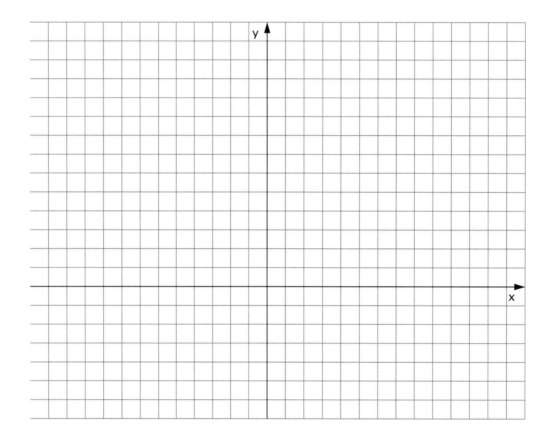

Aufgabe 3 (III):

Welche Funktionsgleichungen haben Normalparabeln mit diesen Scheitelpunkten:

a) S (0/4): _____ ;   b) S (3/0): _____ ;

c) S (–3/–2): _____ ;   d) S (7/–1): _____

Förderbedarf:

     Freißler/Mayr: Bildungsstandards Mathematik 10. Klasse © Brigg Pädagogik Verlag GmbH, Augsburg

Thema: Quadratische Funktionen und Gleichungen	Lösungsblatt

Inhalt: Normalparabel	Schwierigkeitsgrad: I – III	Kompetenz: 1, 2, 3, 4, 5	Leitidee: 4

Normalparabeln im Koordinatensystem

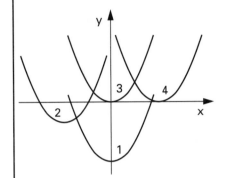

– Der Graph einer Funktion $y = x^2 + q$ ist eine Normalparabel, die entlang der y-Achse verschoben ist. (1)
– Die Funktionsgleichung in der Form $y = (x - x_s)^2 + y$ ist die Scheitelpunktgleichung der Normalparabel. (2)
– Der Graph einer Funktion $y = x^2$ ist eine Normalparabel mit dem Scheitelpunkt S (0/0). (3)
– Der Graph einer Funktion $y = (x - p)^2$ ist eine Normalparabel, die entlang der x-Achse verschoben ist. (4)

Aufgabe 1 (II):

Geben Sie den Scheitelpunkt der Funktionen an und tragen Sie die Parabeln in das Koordinatensystem ein!

$y = x^2$; S (0/0);

$y = (x - 3)^2 + 1$; S (3/1);

$y = x^2 - 3$; S (0/–3);

$y = (x + 4)^2$; S (–4/0);

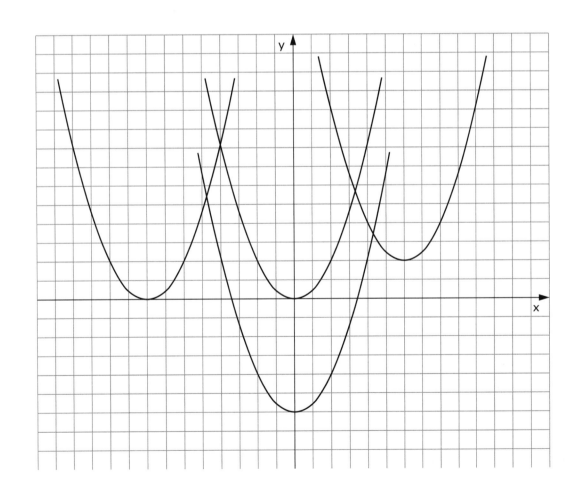

Aufgabe 2 (III):

Formen Sie, wenn nötig, in die Scheitelpunktform um, bestimmen Sie den Scheitelpunkt der Normalparabel und zeichnen Sie die Graphen in das Koordinatensystem ein!

$y = x^2 + 8x + 13$

$y = x^2 + 8x + 16 - 16 + 13$

$y = (x + 4)^2 - 3 \quad \rightarrow \quad \underline{\underline{S\ (-4/-3)}}$

$y = x^2 - 2 \quad \rightarrow \quad \underline{\underline{S\ (0/-2)}}$

$y = x^2 - 9x + 22{,}25$

$y = x^2 - 9x + 20{,}25 - 20{,}25 + 22{,}25$

$y = (x - 4{,}5) + 2 \quad \rightarrow \quad \underline{\underline{S\ (4{,}5/2)}}$

$y = x^2 - 5x + 6{,}25$

$y = (x - 2{,}5)^2 \quad \rightarrow \quad \underline{\underline{S\ (2{,}5/0)}}$

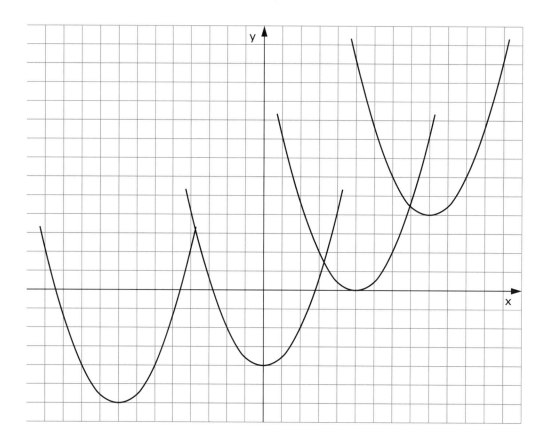

Aufgabe 3 (III):

Welche Funktionsgleichungen haben Normalparabeln mit diesen Scheitelpunkten:

a) S (0/4): $\quad \underline{y = x^2 + 4}$;

b) S (3/0): $\quad \underline{y = (x - 3)^2}$;

c) S (−3/−2): $\underline{y = (x + 3)^2 - 2}$;

d) S (7/−1): $\underline{y = (x - 7) - 1}$

Förderbedarf:

Freißler/Mayr: Bildungsstandards Mathematik 10. Klasse © Brigg Pädagogik Verlag GmbH, Augsburg

Thema: Quadratische Funktionen und Gleichungen			Name:	
Inhalt: Scheitelpunktform	Schwierigkeitsgrad: I – IV	Kompetenz: 2, 3, 5	Leitidee: 4	

Den Scheitelpunkt einer Parabel bestimmen

Scheitelpunktform:
$$y = a(x - x_s) + y_s$$

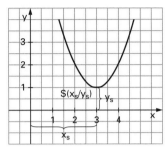

Aufgabe 1 (III):

Bestimmen Sie den Scheitelpunkt der Gleichung $y = 0,5x^2 - 4x + 7$ und zeichnen Sie diese Parabel in das Koordinatensystem ein!

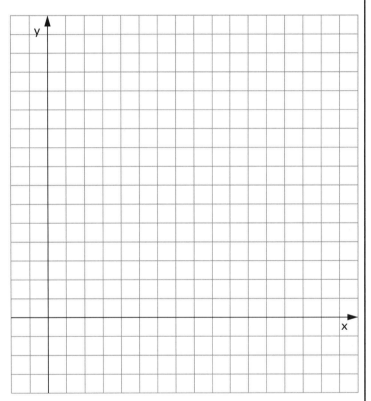

Aufgabe 2 (III):

Ermitteln Sie die Normalform der Funktion einer nach oben geöffneten Normalparabel bei einem Scheitelpunkt (–2/–3) und überprüfen Sie die Lösung!

Aufgabe 3 (IV):

Bestimmen Sie den Scheitelpunkt der Gleichung $y = -1,5x^2 + 9x - 12$ und zeichnen Sie die Parabel in das Koordinatensystem ein!

Aufgabe 4 (IV):

Ermitteln Sie die Normalform der Funktion einer nach unten geöffneten Normalparabel bei einem Scheitelpunkt (3/5) und überprüfen Sie die Richtigkeit der Lösung!

Förderbedarf:

Freißler/Mayr: Bildungsstandards Mathematik 10. Klasse © Brigg Pädagogik Verlag GmbH, Augsburg

Thema: Quadratische Funktionen und Gleichungen	Lösungsblatt		
Inhalt: Scheitelpunktform	**Schwierigkeitsgrad:** I – IV	**Kompetenz:** 2, 3, 5	**Leitidee:** 4

Den Scheitelpunkt einer Parabel bestimmen

Scheitelpunktform:
$y = a(x - x_s) + y_s$

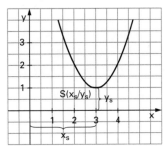

Aufgabe 1 (III):

Bestimmen Sie den Scheitelpunkt der Gleichung $y = 0,5x^2 - 4x + 7$ und zeichnen Sie diese Parabel in das Koordinatensystem ein!

$y = 0,5x^2 - 4x + 7$

$y = 0,5(x^2 - 8x + 14)$

$y = 0,5[(x^2 - 8x + 16) - 16 + 14]$

$y = 0,5[(x - 4)^2 - 2]$

$y = 0,5(x - 4)^2 - 1$

$\rightarrow$ $\underline{S\ (4/-1)}$

x	0	1	4	7	8
y	7	3,5	−1	3,5	7

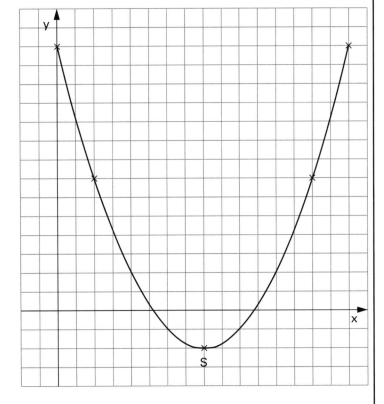

Aufgabe 2 (III):

Ermitteln Sie die Normalform der Funktion einer nach oben geöffneten Normalparabel bei einem Scheitelpunkt (−2/−3) und überprüfen Sie die Lösung!

$y = a(x - x_s)^2 + y_s$

$y = 1(x - (-2))^2 - 3$

$y = 1(x + 2)^2 - 3$

$y = x^2 + 4x + 4 - 3$

$\underline{y = x^2 + 4x + 1}$

Probe: $y = x^2 + 4x + 1$

$-3 = (-2)^2 + 4 \cdot (-2) + 1$

$-3 = 4 - 8 + 1$

$\underline{-3 = -3}$

Aufgabe 3 (IV):

Bestimmen Sie den Scheitelpunkt der Gleichung $y = -1{,}5x^2 + 9x - 12$ und zeichnen Sie die Parabel in das Koordinatensystem ein!

$$y = -1{,}5x^2 + 9x - 12$$

$$y = -1{,}5(x^2 - 6x + 8)$$

$$y = -1{,}5[(x^2 - 6x + 9) - 9 + 8]$$

$$y = -1{,}5[(x - 3)^2 - 1]$$

$$y = -1{,}5(x - 3)^2 + 1{,}5$$

$$\rightarrow \quad \underline{\underline{S\ (3/1{,}5)}}$$

x	0	1	3	5	6
y	–12	–4,5	1,5	–4,5	–12

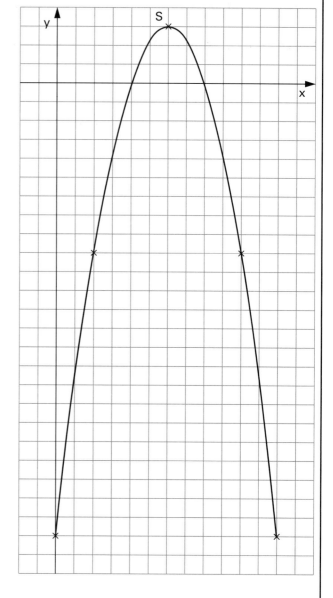

Aufgabe 4 (IV):

Ermitteln Sie die Normalform der Funktion einer nach unten geöffneten Normalparabel bei einem Scheitelpunkt (3/5) und überprüfen Sie die Richtigkeit der Lösung!

$$y = -a(x - x_s)^2 + y_s$$

$$y = -1(x - 3)^2 + 5$$

$$y = -1(x^2 - 6x + 9) + 5$$

$$y = -x^2 + 6x - 9 + 5$$

$$\underline{\underline{y = -x^2 + 6x - 4}}$$

Probe: $\underline{y = -x^2 + 6x - 4}$

$$5 = -(3^2) + 6 \cdot 3 - 4$$

$$5 = -9 + 18 - 4$$

$$\underline{\underline{5 = 5}}$$

Förderbedarf:

Freißler/Mayr: Bildungsstandards Mathematik 10. Klasse © Brigg Pädagogik Verlag GmbH, Augsburg

Thema: Quadratische Funktionen und Gleichungen	Name:		
Inhalt: Quadratische Gleichungen zeichnerisch lösen	Schwierigkeitsgrad: I – III	Kompetenz: 1, 2, 3, 5	Leitidee: 4

Qadratische Funktionen: Zeichnerische Lösung

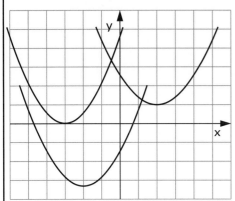

Die Abbildungen zeigen jeweils eine Lösungsmöglichkeit quadratischer Gleichungen.
Erläutern Sie Vorgehensweise und Lösungskontrolle!

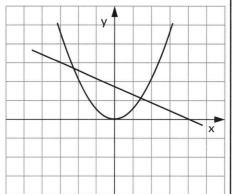

_____   _____

_____   _____

Aufgabe 1 (II):

Lösen Sie zeichnerisch (Nullstellen) die folgenden quadratischen Gleichungen:

$y = x^2 - 8x + 15$	$y = x^2 + 8x + 18$	$y = x^2 + 2x + 1$

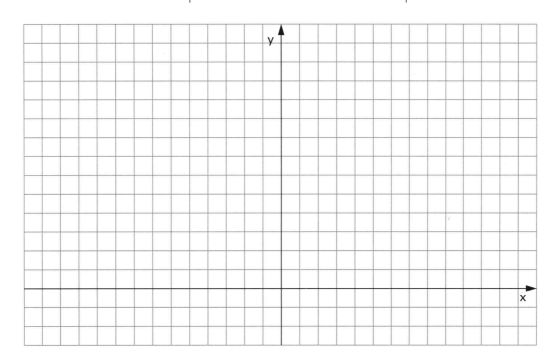

Lösung:

_____   _____   _____

Aufgabe 2 (III):

Lösen Sie zeichnerisch (Schnittpunkte) die folgende quadratische Gleichung:

$-3x + 1{,}25 = -x^2$

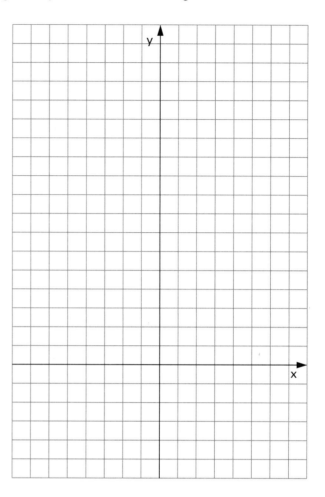

Überprüfen Sie die Lösung durch eine zweite zeichnerische Lösung!
Beurteilen Sie diese im Vergleich zur ersten!

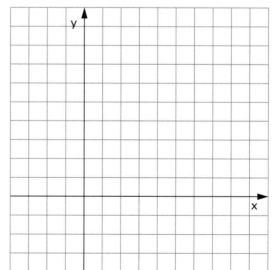

_____

_____

Förderbedarf:

Freißler/Mayr: Bildungsstandards Mathematik 10. Klasse © Brigg Pädagogik Verlag GmbH, Augsburg

Thema: Quadratische Funktionen und Gleichungen	Lösungsblatt

Inhalt: Quadratische Gleichungen zeichnerisch lösen	Schwierigkeitsgrad: I – III	Kompetenz: 1, 2, 3, 5	Leitidee: 4

Qadratische Funktionen: Zeichnerische Lösung

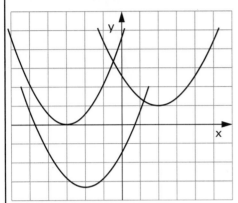

Die Abbildungen zeigen jeweils eine Lösungsmöglichkeit quadratischer Gleichungen.
Erläutern Sie Vorgehensweise und Lösungskontrolle!

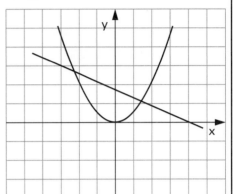

Die x-Werte der Nullstellen der Parabel _____

sind die Lösung der Gleichung. _____

Die x-Werte der Schnittpunkte _____

sind die Lösung der Gleichung. _____

Aufgabe 1 (II):

Lösen Sie zeichnerisch (Nullstellen) die folgenden quadratischen Gleichungen:

$y = x^2 - 8x + 15$

$y = (x^2 - 8x + 16) - 16 + 15$

$\underline{y = (x - 4)^2 - 1}$

→ $\underline{S\ (4/-1)}$

$y = x^2 + 8x + 18$

$y = (x^2 + 8x + 16) - 16 + 18$

$\underline{y = (x + 4)^2 + 2}$

→ $\underline{S\ (-4/+2)}$

$y = x^2 + 2x + 1$

$\underline{y = (x + 1)^2}$

→ $\underline{S\ (-1/0)}$

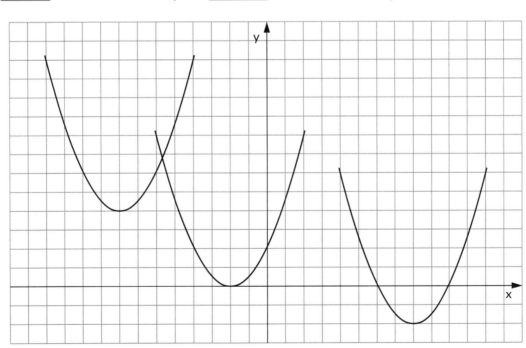

Lösung:

$\underline{\quad L\ \{5;\ 3\} \quad}$ | $\underline{\quad \text{keine Lösung} \quad}$ | $\underline{\quad L\ \{-1\} \quad}$

Aufgabe 2 (III):

Lösen Sie zeichnerisch (Schnittpunkte) die folgende quadratische Gleichung:

$-3x + 1,25 = -x^2$

$\qquad x^2 \quad = 3x - 1,25$

$\qquad\qquad \downarrow$

$\underline{\underline{y = x^2}} \qquad \underline{\underline{y = 3x - 1,25}}$

$\underline{\text{L} \{0,5;\ 2,5\}}$

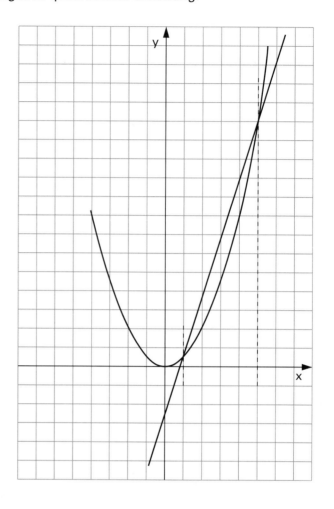

$x^2 \quad = 3x - 1,25$

$0,5^2 = 3 \cdot 0,5 - 1,25$

$0,25 = 1,50 - 1,25$

$\underline{\underline{0,25 = 0,25}}$

$x^2 \quad = 3x - 1,25$

$2,5^2 = 3 \cdot 2,5 - 1,25$

$6,25 = 7,50 - 1,25$

$\underline{\underline{6,25 = 6,25}}$

Überprüfen Sie die Lösung durch eine zweite zeichnerische Lösung!
Beurteilen Sie diese im Vergleich zur ersten!

$y = x^2 - 3x + 1,25$

$y = (x^2 - 3x + 2,25) - 2,25 + 1,25$

$\underline{\underline{y = (x - 1,5)^2 - 1}}$

$\qquad \rightarrow \underline{\underline{\text{S} (1,5/-1)}}$

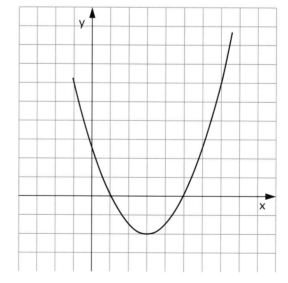

Diese Lösung ist genauer _____

der Zeichnung zu entnehmen. _____

Förderbedarf:

Freißler/Mayr: Bildungsstandards Mathematik 10. Klasse © Brigg Pädagogik Verlag GmbH, Augsburg

Thema: Quadratische Funktionen und Gleichungen	Name:		
Inhalt: Quadratische Gleichungen rechnerisch lösen	Schwierigkeitsgrad: I – IV	Kompetenz: 2, 5	Leitidee: 4

Qadratische Funktionen: Rechnerische Lösung

Isolieren der Potenz und Wurzelziehen	Anwendung der binomischen Formel	
		Lösungsformel des Vieta
Quadratische Ergänzung	Lösungsformel	

Aufgabe 1 (I):

Berechnen Sie die Lösung der beiden rein-quadratischen Gleichungen:

$$212 + x^2 = 381 \qquad\qquad x^2 + 4x + 4 = 2{,}25$$

Aufgabe 2 (II):

Berechnen Sie die Lösung der beiden gemischt-quadratischen Gleichungen durch quadratische Ergänzung!

$$x^2 + 20x = 189 \qquad\qquad 1{,}75 - 0{,}25x^2 = -1{,}5x \quad | \cdot -4$$

Aufgabe 3 (II):

Berechnen Sie die Lösung der Gleichung und bestätigen Sie mit dem Satz des Vieta die Richtigkeit der Lösung!

$$x^2 + 12x - 28 = 0$$

Aufgabe 4 (III):

Berechnen Sie die Lösungen der quadratischen Gleichung mit der Lösungsformel!

$$10x^2 + 70x + 122,4 = 0 \quad | : 10 \qquad\qquad -0,2x^2 + x = -60 \quad | : -0,2$$

Aufgabe 5 (IV):

Ergänzen Sie anhand des Satzes des Vieta!

Gleichung	p	q	x_1	x_2	$-(x_1 + x_2)$	$x_1 \cdot x_2$
			1,4	-1		
	-9	14				
				3,2	-11,7	
				2,4		
			0,4			0,08
			0,5	-1		

Förderbedarf:

Freißler/Mayr: Bildungsstandards Mathematik 10. Klasse © Brigg Pädagogik Verlag GmbH, Augsburg

| Inhalt: Quadratische Gleichungen rechnerisch lösen | Schwierigkeitsgrad: I – IV | Kompetenz: 2, 5 | Leitidee: 4 |

Qadratische Funktionen: Rechnerische Lösung

> Isolieren der Potenz
> und Wurzelziehen
>
> Anwendung der
> binomischen Formel
>
> Lösungsformel
> des Vieta
>
> Quadratische Ergänzung
>
> Lösungsformel

Aufgabe 1 (I):

Berechnen Sie die Lösung der beiden rein-quadratischen Gleichungen:

$212 + x^2 = 381$

$\quad x^2 = 381 - 212$

$\quad x^2 = 169 \quad | \sqrt{\ }$

$\quad \underline{x_{1/2} = \pm 13}$

$x^2 + 4x + 4 = 2{,}25$

$\quad (x + 2)^2 = 2{,}25 \quad | \sqrt{\ }$

$\quad x + 2 = \pm 1{,}5$

$\quad \underline{x_1 = -0{,}5}$

$\quad \underline{x_2 = -3{,}5}$

Aufgabe 2 (II):

Berechnen Sie die Lösung der beiden gemischt-quadratischen Gleichungen durch quadratische Ergänzung!

$x^2 + 20x = 189$

$x^2 + 20x + 100 = 189 + 100$

$\quad (x + 10)^2 = 289 \quad | \sqrt{\ }$

$\quad x + 10 = \pm 17$

$\quad \underline{x_1 = 7}$

$\quad \underline{x_2 = -27}$

$1{,}75 - 0{,}25x^2 = -1{,}5x \quad | \cdot -4$

$x^2 - 6x - 7 = 0$

$(x^2 - 6x + 9) - 9 - 7 = 0$

$\quad (x - 3)^2 = 16 \quad | \sqrt{\ }$

$\quad x - 3 = \pm 4$

$\quad \underline{x_1 = 7}$

$\quad \underline{x_2 = -1}$

Aufgabe 3 (II):

Berechnen Sie die Lösung der Gleichung und bestätigen Sie mit dem Satz des Vieta die Richtigkeit der Lösung!

$x^2 + 12x - 28 = 0$

$(x^2 + 12x + 36) - 36 - 28 = 0$

$\quad (x + 6)^2 = 64 \quad | \sqrt{\ }$

$\quad x + 6 = \pm 8$

$\quad \underline{x_1 = 2}$

$\quad \underline{x_2 = -14}$

$p = -(x_1 + x_2) \qquad q = x_1 \cdot x_2$

$p = -(2 - 14) \qquad q = 2 \cdot (-14)$

$p = -(-12) \qquad \underline{q = -28}$

$\underline{p = 12}$

Aufgabe 4 (III):

Berechnen Sie die Lösungen der quadratischen Gleichung mit der Lösungsformel!

$$10x^2 + 70x + 122,4 = 0 \quad | : 10$$

$$x^2 + 7x + 12,24 = 0$$

$$x_{1,2} = -\frac{p}{2} \pm \sqrt{\left(\frac{p}{2}\right)^2 - q}$$

$$x_{1,2} = -\frac{7}{2} \pm \sqrt{\left(\frac{7}{2}\right)^2 - 12,24}$$

$$x_{1,2} = -3,5 \pm \sqrt{12,25 - 12,24}$$

$$x_{1,2} = -3,5 \pm \sqrt{0,01}$$

$$x_{1,2} = -3,5 \pm 0,1$$

$$\underline{x_1 = -3,4}$$

$$\underline{x_2 = -3,6}$$

$$-0,2x^2 + x = -60 \quad | : -0,2$$

$$x^2 - 5x - 300 = 0$$

$$x_{1,2} = -\frac{p}{2} \pm \sqrt{\left(\frac{p}{2}\right)^2 - q}$$

$$x_{1,2} = -\frac{-5}{2} \pm \sqrt{\left(\frac{-5}{2}\right)^2 - (-300)}$$

$$x_{1,2} = 2,5 \pm \sqrt{6,25 + 300}$$

$$x_{1,2} = 2,5 \pm \sqrt{306,25}$$

$$x_{1,2} = 2,5 \pm 17,5$$

$$\underline{x_1 = 20}$$

$$\underline{x_2 = -15}$$

Aufgabe 5 (IV):

Ergänzen Sie anhand des Satzes des Vieta!

Gleichung	p	q	x_1	x_2	$-(x_1 + x_2)$	$x_1 \cdot x_2$
$x^2 - 0,4x - 1,4 = 0$	−0,4	−1,4	1,4	−1	−0,4	−1,4
$x^2 - 9x + 14 = 0$	−9	14	7	2	−9	14
$x^2 - 11,7x + 27,2 = 0$	−11,7	27,2	8,5	3,2	−11,7	27,2
$x^2 - 7,4x + 12 = 0$	−7,4	12	5	2,4	−7,4	12
$x^2 - 0,6x + 0,08 = 0$	−0,6	0,08	0,4	0,2	−0,6	0,08
$x^2 - x + 0,25 = 0$	−1	0,25	0,5	0,5	−1	0,25

Förderbedarf:

Freißler/Mayr: Bildungsstandards Mathematik 10. Klasse © Brigg Pädagogik Verlag GmbH, Augsburg

Thema: Quadratische Funktionen und Gleichungen	Name:		
Inhalt: Schnittpunkte berechnen	Schwierigkeitsgrad: III – IV	Kompetenz: 2, 3, 5	Leitidee: 4

Schnittpunkte Parabel/Gerade – Parabel/Parabel

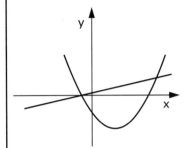

Um Schnittpunkte zu berechnen, werden die Funktionen gleichgesetzt.

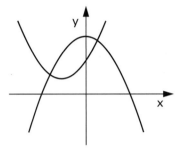

Aufgabe 1 (III):

Ermitteln Sie die Schnittpunkte der Parabel p_1 ($y = x^2 - 4x + 2{,}5$) und der Geraden g ($y = x - 1{,}5$) und zeichnen Sie die Funktionen in das Koordinatensystem ein!

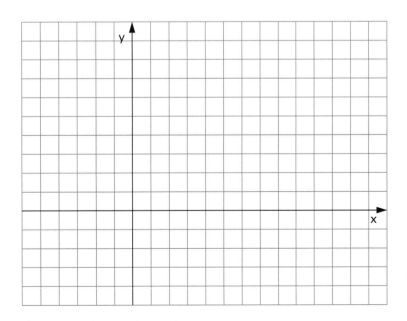

Aufgabe 2 (IV):

Ermitteln Sie die Schnittpunkte der Parabel p_1 ($y = x^2 + 2x + 2$) und der Parabel p_2 ($y = -x^2 - 2x + 2$) und zeichnen Sie die Funktionen in das Koordinatensystem ein!

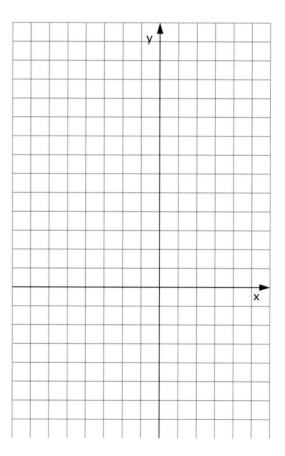

Förderbedarf:

Freißler/Mayr: Bildungsstandards Mathematik 10. Klasse © Brigg Pädagogik Verlag GmbH, Augsburg

Thema: Quadratische Funktionen und Gleichungen	Lösungsblatt		
Inhalt: Schnittpunkte berechnen	**Schwierigkeitsgrad:** III – IV	**Kompetenz:** 2, 3, 5	**Leitidee:** 4

Schnittpunkte Parabel/Gerade – Parabel/Parabel

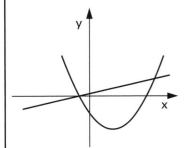

Um Schnittpunkte zu berechnen, werden die Funktionen gleichgesetzt.

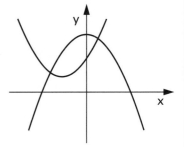

Aufgabe 1 (III):

Ermitteln Sie die Schnittpunkte der Parabel p_1 $(y = x^2 - 4x + 2,5)$ und der Geraden g $(y = x - 1,5)$ und zeichnen Sie die Funktionen in das Koordinatensystem ein!

$$x^2 - 4x + 2,5 = x - 1,5$$

$$x^2 - 4x + 2,5 - x + 1,5 = 0$$

$$x^2 - 5x + 4 = 0$$

$$(x^2 - 5x + 6,25) - 6,25 + 4 = 0$$

$$(x - 2,5)^2 - 2,25 = 0$$

$$(x - 2,5)^2 = 2,25 \quad | \sqrt{}$$

$$x - 2,5 = \pm 1,5$$

$$\underline{x_1 = 4}$$

$$\underline{x_2 = 1}$$

$$y_1 = x_1 - 1,5$$

$$y_1 = 4 - 1,5$$

$$\underline{y_1 = 2,5}$$

$$\rightarrow \quad \underline{S_1 \, (4/2,5)}$$

$$y_2 = x_2 - 1,5$$

$$y_2 = 1 - 1,5$$

$$\underline{y_2 = -0,5}$$

$$\rightarrow \quad \underline{S_2 \, (1/-0,5)}$$

Scheitelpunkt:

$$y = x^2 - 4x + 2,5$$

$$y = (x^2 - 4x + 4) - 4 + 2,5$$

$$\underline{y = (x - 2)^2 - 1,5}$$

$$\rightarrow \quad \underline{S \, (2/-1,5)}$$

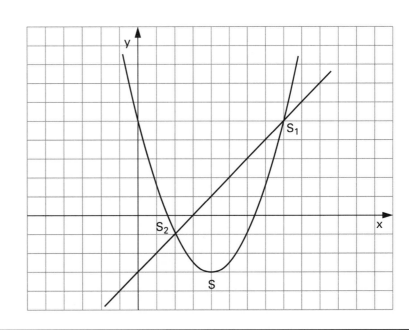

Freißler/Mayr: Bildungsstandards Mathematik 10. Klasse © Brigg Pädagogik Verlag GmbH, Augsburg

Aufgabe 2 (IV):

Ermitteln Sie die Schnittpunkte der Parabel p_1 $(y = x^2 + 2x + 2)$ und der Parabel p_2 $(y = -x^2 - 2x + 2)$ und zeichnen Sie die Funktionen in das Koordinatensystem ein!

$$x^2 + 2x + 2 = -x^2 - 2x + 2$$

$$2x^2 + 4x = 0 \quad | : 2$$

$$x^2 + 2x = 0$$

$$(x^2 + 2x + 1) = 1$$

$$(x + 1)^2 = 1 \quad | \sqrt{}$$

$$x + 1 = \pm 1$$

$$\underline{x_1 = 0}$$

$$\underline{x_2 = -2}$$

$$y_1 = x_1{}^2 + 2x_1 + 2$$

$$y_1 = 0^2 + 2 \cdot 0 + 2$$

$$\underline{y_1 = 2}$$

$$\rightarrow \quad \underline{S_1 \ (0/2)}$$

$$y_2 = x_2{}^2 + 2x_2 + 2$$

$$y_2 = (-2)^2 + 2 \cdot (-2) + 2$$

$$y_2 = 4 - 4 + 2$$

$$\underline{y_2 = 2}$$

$$\rightarrow \quad \underline{S_2 \ (-2/2)}$$

Scheitelpunkte:

$$y = x^2 + 2x + 2$$

$$y = (x^2 + 2x + 1) - 1 + 2$$

$$\underline{y = (x + 1)^2 + 1}$$

$$\rightarrow \quad \underline{S \ (-1/1)}$$

$$y = -x^2 - 2x + 2$$

$$y = -(x^2 + 2x - 2)$$

$$y = -[(x^2 + 2x + 1) - 1 - 2]$$

$$y = -[(x + 1)^2 - 3]$$

$$\underline{y = -(x + 1)^2 + 3}$$

$$\rightarrow \quad \underline{S \ (-1/3)}$$

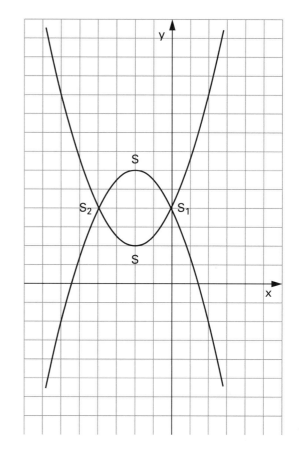

Förderbedarf:

　　Freißler/Mayr: Bildungsstandards Mathematik 10. Klasse © Brigg Pädagogik Verlag GmbH, Augsburg

Thema: Quadratische Funktionen und Gleichungen		Name:	
Inhalt: Funktionsgleichungen von Parabeln ermitteln	Schwierigkeitsgrad: III	Kompetenz: 2, 3, 5	Leitidee: 4

Funktionsgleichungen ermitteln

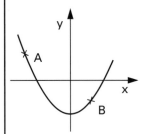

Die Lage jeder Normalparabel ist durch mindestens zwei Punkte festgelegt. Diese Punkte bestimmen die Position der Normalparabel und damit die Funktionsgleichung.

Aufgabe 1 (III):

Ermitteln Sie die Funktionsgleichung anhand der Punkte A (–2/6) und B (–5/3) sowohl mit dem Einsetzungs- als auch mit dem Additionsverfahren.

Einsetzungsverfahren:

Additionsverfahren:

Aufgabe 2 (IV):

Ermitteln Sie die Funktionsgleichung anhand der Punkte C (–1/2) und D (–3/2) sowohl mit dem Einsetzungs- als auch mit dem Additionsverfahren.

Einsetzungsverfahren:

Additionsverfahren:

Förderbedarf:

Freißler/Mayr: Bildungsstandards Mathematik 10. Klasse © Brigg Pädagogik Verlag GmbH, Augsburg

Funktionsgleichungen ermitteln

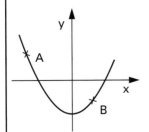

Die Lage jeder Normalparabel ist durch mindestens zwei Punkte festgelegt. Diese Punkte bestimmen die Position der Normalparabel und damit die Funktionsgleichung.

Aufgabe 1 (III):

Ermitteln Sie die Funktionsgleichung anhand der Punkte A (–2/6) und B (–5/3) sowohl mit dem Einsetzungs- als auch mit dem Additionsverfahren.

Einsetzungsverfahren:

$$y = x^2 + px + q \qquad\qquad q = 2 + 2p$$

$$6 = (-2)^2 - 2p + q \qquad\qquad q = 2 + 2 \cdot 8$$

$$6 = \ 4 - 2p + q \qquad\qquad q = 2 + 16$$

$$6 - 4 + 2p = q \qquad\qquad \underline{q = 18}$$

$$\underline{2 + 2p = q}$$

$$\qquad\qquad\qquad\qquad\qquad \to \quad \underline{y = x^2 + 8x + 18}$$

$$3 = (-5)^2 - 5p + 2 + 2p$$

$$3 = \ 25 \ \ - 5p + 2 + 2p$$

$$5p - 2p = 25 + 2 - 3$$

$$3p \ \ \ = 24 \quad | : 3$$

$$\underline{p = 8}$$

Additionsverfahren:

$$I : 6 = (-2)^2 - 2p + q \qquad\qquad 0 \ \ = 54 - 3q$$

$$\underline{II: 3 = (-5)^2 - 5p + q} \qquad\qquad 3q = 54 \quad | : 3$$

$$I : 6 = \ \ 4 - 2p + q \qquad\qquad\qquad \underline{q = 18}$$

$$\underline{II: 3 = 25 - 5p + q} \qquad\qquad I : 0 \ \ = -2 - 2p + 18$$

$$I : 0 = -2 - 2p + q \quad | \cdot (-5) \qquad \underline{II: 0 \ \ = 22 - 5p + 18}$$

$$\underline{II: 0 = 22 - 5p + q \quad | \cdot 2} \qquad 0 \ \ = 20 - 7p + 36$$

$$I : 0 = 10 + 10p - 5q \qquad\qquad 7p = 56 \quad | : 7$$

$$\underline{II: 0 = 44 - 10p + 2q} \qquad\qquad \underline{p = 8}$$

$$\qquad\qquad\qquad\qquad\qquad \to \quad \underline{y = x^2 + 8x + 18}$$

Aufgabe 2 (IV):

Ermitteln Sie die Funktionsgleichung anhand der Punkte C (–1/2) und D (–3/2) sowohl mit dem Einsetzungs- als auch mit dem Additionsverfahren.

Einsetzungsverfahren:

$$y = -x^2 + px + q \qquad\qquad q = 3 + p$$

$$2 = -(-1)^2 - p + q \qquad\qquad q = 3 - 4$$

$$2 = -1 - p + q \qquad\qquad \underline{q = -1}$$

$$2 + 1 + p = q$$

$$\underline{\underline{3 + p = q}} \qquad\qquad \rightarrow \quad \underline{\underline{y = -x^2 - 4x - 1}}$$

$$2 = -(-3)^2 - 3p + 3 + p$$

$$2 = -9 - 3p + 3 + p$$

$$3p - p = -9 + 3 - 2$$

$$2p = -8 \quad | : 2$$

$$\underline{p = -4}$$

Additionsverfahren:

$$\text{I}: \ 2 = -(-1)^2 - p + q \qquad\qquad \text{I}: \ 0 = -3 - p + q$$

$$\underline{\text{II}: \ 2 = -(-3)^2 - 3p + q} \qquad\qquad \underline{\text{II}: \ 0 = -11 - 3p + q}$$

$$\text{I}: \ 2 = -1 - p + q \qquad\qquad \text{I}: \ 0 = -3 - p - 1$$

$$\underline{\text{II}: \ 2 = -9 - 3p + q} \qquad\qquad \underline{\text{II}: \ 0 = -11 - 3p - 1}$$

$$\text{I}: \ 0 = -3 - p + q \quad | \cdot (-3) \qquad\qquad 0 = -14 - 4p - 2$$

$$\underline{\text{II}: \ 0 = -11 - 3p + q} \qquad\qquad 4p = -16 \quad | : 4$$

$$\text{I}: \ 0 = \ \ 9 + 3p - 3q \qquad\qquad \underline{p = -4}$$

$$\underline{\text{II}: \ 0 = -11 - 3p + q} \qquad\qquad \rightarrow \quad \underline{\underline{y = -x^2 - 4x - 1}}$$

$$0 = -2 \quad - 2q$$

$$2q = -2 \quad | : 2$$

$$\underline{q = -1}$$

Förderbedarf:

Freißler/Mayr: Bildungsstandards Mathematik 10. Klasse © Brigg Pädagogik Verlag GmbH, Augsburg

Thema: Quadratische Funktionen	Name:		
Inhalt: Bogenbrücken: $y = ax^2$	**Schwierigkeitsgrad:** I – III	**Kompetenz:** 1, 2, 3, 4, 5	**Leitidee:** 4

Italiens Traum: Die längste Hängebrücke der Welt

Bereits die Römer hatten während der Punischen Kriege versucht, die Meerenge von Messina zu über-
brücken. Seither hegen die Italiener den Traum, Sizilien an das Festland anzubinden. Im Jahr 2006 ent-
stand ein exakter Plan: Die Städte Villa San Giovanni in Kalabrien und Messina auf Sizilien sollen durch
eine Brücke verbunden werden. Im Auto würde der Weg von der Insel auf das Festland nur wenige
Minuten dauern.
Die Messina-Brücke sollte laut Plan bis zu sechs Milliarden Euro kosten.

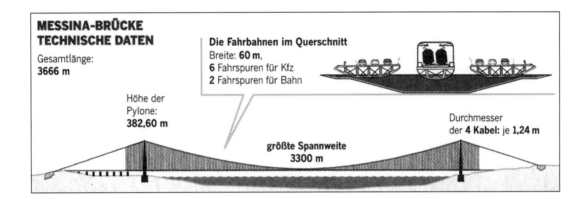

Aufgabe 1 (I):

a) Nennen Sie die Funktionsgleichung der geplanten Messina-Brücke!

b) Beschreiben Sie, warum diese Funktionsgleichung so lauten muss!

Die Funktion lautet y = _____ , *weil* _____

c) Entnehmen Sie die für die Berechnung der Funktion notwendigen Daten aus dem Schaubild!

Aufgabe 2 (II):

Kreuzen Sie die richtigen Aussagen an:

☐ Die Gesamtlänge der Messina-Brücke übertrifft die größte Spannweite um 366 m.

☐ Die Entfernung der beiden Pylone entspricht dem Streckungsfaktor a.

☐ Der Verlauf der Kabelführung von Pylonenspitze zu Pylonenspitze entspricht dem Streckungsfaktor a.

☐ Für die Berechnung des Streckungsfaktors ist es unerheblich, ob von der Höhe der Fahrbahnen oder von der Höhe des Meeresspiegels gemessen wird.

☐ Der theoretische Nullpunkt eines Koordinatensystems befindet sich genau 1,65 km vom ersten Pylon entfernt.

☐ Die Breite der Fahrbahn ist für die Berechnung des Streckungsfaktors von Bedeutung.

☐ Ein (gedachter) Pylon außerhalb der geplanten Pylone müsste höher als 382,60 m sein, wenn der Streckungsfaktor a gleich bleiben soll.

Aufgabe 3 (III):

Berechnen Sie den Streckungsfaktor der Messina-Brücke!

Aufgabe 4 (III):

Wenn die Pylone am Ende der Gesamtlänge stehen würden, wie groß wäre dann der Streckungsfaktor?

Ergänzen Sie: *Der Streckungsfaktor wäre größer/kleiner als der geplante Faktor „a".*

Dieses Ergebnis kommt zustande, weil in diesem Fall _____

_____

Förderbedarf:

Freißler/Mayr: Bildungsstandards Mathematik 10. Klasse © Brigg Pädagogik Verlag GmbH, Augsburg

Thema: Quadratische Funktionen			Lösungsblatt	
Inhalt: Bogenbrücken: $y = ax^2$	**Schwierigkeitsgrad:** I – III	**Kompetenz:** 1, 2, 3, 4, 5	**Leitidee:** 4	

Italiens Traum: Die längste Hängebrücke der Welt

Bereits die Römer hatten während der Punischen Kriege versucht, die Meerenge von Messina zu über-brücken. Seither hegen die Italiener den Traum, Sizilien an das Festland anzubinden. Im Jahr 2006 ent-stand ein exakter Plan: Die Städte Villa San Giovanni in Kalabrien und Messina auf Sizilien sollen durch eine Brücke verbunden werden. Im Auto würde der Weg von der Insel auf das Festland nur wenige Minuten dauern.
Die Messina-Brücke sollte laut Plan bis zu sechs Milliarden Euro kosten.

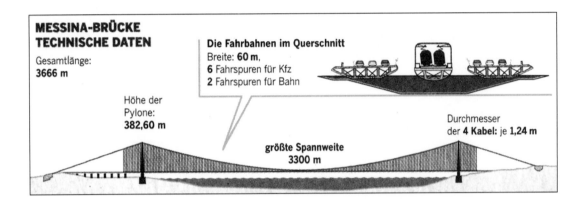

MESSINA-BRÜCKE TECHNISCHE DATEN

Gesamtlänge: **3666 m**

Höhe der Pylone: **382,60 m**

Die Fahrbahnen im Querschnitt
Breite: **60 m**,
6 Fahrspuren für Kfz
2 Fahrspuren für Bahn

größte Spannweite **3300 m**

Durchmesser der **4 Kabel:** je **1,24 m**

Aufgabe 1 (I):

a) Nennen Sie die Funktionsgleichung der geplanten Messina-Brücke!

$$y = ax^2$$
_____

b) Beschreiben Sie, warum diese Funktionsgleichung so lauten muss!

Die Funktion lautet $y = ax^2$ _____ *, weil* die Brücke _____

einer nach oben geöffneten Parabel entspricht. _____

c) Entnehmen Sie die für die Berechnung der Funktion notwendigen Daten aus dem Schaubild!

Höhe der Pylone: 382,60 m _____

größte Spannweite: 3 300 m _____

Aufgabe 2 (II):

Kreuzen Sie die richtigen Aussagen an:

☒ Die Gesamtlänge der Messina-Brücke übertrifft die größte Spannweite um 366 m.

☐ Die Entfernung der beiden Pylone entspricht dem Streckungsfaktor a.

☒ Der Verlauf der Kabelführung von Pylonenspitze zu Pylonenspitze entspricht dem Streckungsfaktor a.

☐ Für die Berechnung des Streckungsfaktors ist es unerheblich, ob von der Höhe der Fahrbahnen oder von der Höhe des Meeresspiegels gemessen wird.

☒ Der theoretische Nullpunkt eines Koordinatensystems befindet sich genau 1,65 km vom ersten Pylon entfernt.

☐ Die Breite der Fahrbahn ist für die Berechnung des Streckungsfaktors von Bedeutung.

☒ Ein (gedachter) Pylon außerhalb der geplanten Pylone müsste höher als 382,60 m sein, wenn der Streckungsfaktor a gleich bleiben soll.

Aufgabe 3 (III):

Berechnen Sie den Streckungsfaktor der Messina-Brücke!

$y = ax^2$

$y = 382,60 \text{ m}$

$x = \dfrac{3\,300 \text{ m}}{2} = 1\,650 \text{ m}$

$382,60 \text{ m} = a \cdot (1\,650 \text{ m})^2$

$382,60 \text{ m} = a \cdot 2\,722\,500 \quad | : 2\,722\,500$

$\dfrac{382,60 \text{ m}}{2\,722\,500} = a$

$\underline{\underline{0,0001405 = a}}$

Aufgabe 4 (III):

Wenn die Pylone am Ende der Gesamtlänge stehen würden, wie groß wäre dann der Streckungsfaktor?

$y = ax^2 \quad | : x^2$

$\dfrac{y}{x^2} = a$

$x = \dfrac{3\,666 \text{ m}}{2} = 1\,833 \text{ m} \quad \rightarrow$

$a = 382,60 \text{ m} = a \cdot 1\,833^2$

$382,60 \text{ m} = a \cdot 3\,359\,889 \quad | : 3\,359\,889$

$\dfrac{382,60 \text{ m}}{3\,359\,889} = a$

$\underline{\underline{0,0001139 = a}}$

Ergänzen Sie: *Der Streckungsfaktor wäre ~~größer~~/kleiner als der geplante Faktor „a".*

Dieses Ergebnis kommt zustande, weil in diesem Fall die _____

Parabel flacher verlaufen würde. _____

Förderbedarf:

Freißler/Mayr: Bildungsstandards Mathematik 10. Klasse © Brigg Pädagogik Verlag GmbH, Augsburg

Thema: Quadratische Funktionen			Name:	
Inhalt: Bogenbrücken: $y = -ax^2$		**Schwierigkeitsgrad:** I – III	**Kompetenz:** 1, 2, 3, 4, 5	**Leitidee:** 4

Neue Schutzhülle für Block 4

Zur Situation des Unglücksreaktors 20 Jahre nach dem Super-GAU:

Nach der Katastrophe von Tschernobyl am 26. April 1986 wurde der defekte Reaktorblock mit dem so genannten „Sarkophag" verschlossen. Dieser alte Sarkophag über Block 4 wurde aber in den 20 Jahren bis zum Jahr 2006 undicht; Regen- und Schmelzwasser drangen ein und machten die Schutzhülle brüchig.
Die Gesamtflache der Lücken betrug im Frühjahr 2006 ca. 100 m².
Die Gefahr bestand, dass bei einem Einsturz des Sarkophags sich eine riesige radioaktive Wolke über weite Teile Europas ausbreiten würde. Noch im selben Jahr sollte mit dem Bau einer neuen Schutzhülle begonnen werden.
Geschätzte Kosten: ca. 770 Millionen Euro.

Der Plan: In einiger Entfernung werden große Metallteile bogenförmig gespannt und miteinander verbunden. Anschließend wird die 20 000 Tonnen schwere Dachkonstruktion auf Schienen über den Reaktorblock geschoben. Mit 108 Meter soll die „Arche" 12 Meter höher als der Big Ben in London sein. Geplante Fertigstellung: 2008.

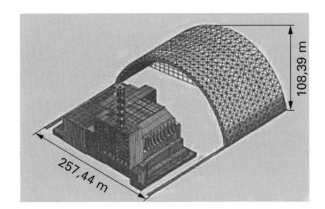

Aufgabe 1 (I):

a) Nennen Sie die Funktionsgleichung der geplanten Schutzhülle!

_____

b) Beschreiben Sie, warum diese Funktionsgleichung so lauten muss!

Die Funktion lautet _____ *, weil* _____

_____

c) Wie hoch liegt der Scheitelpunkt der Schutzhülle laut Text/laut Zeichnung?

laut Text: _____

laut Zeichnung: _____

Aufgabe 2 (II):

a) Wie breit ist die gesamte Konstruktion (laut Zeichnung)?

<u></u>

b) Wie breit ist die geplante Schutzhülle?
   (Entnehmen Sie die Maße so gut wie möglich aus der Zeichnung und runden Sie auf ganze Meter!)

Aufgabe 3 (III):

Wenn man von einer Scheitelhöhe von 108 m und einer Breite von 238 m ausgeht, wie groß ist dann der Faktor „a"?

Aufgabe 4 (III):

a) Welche Höhe würde die Schutzhülle erreichen, wenn mit einem Faktor „a" von 0,009 gebaut wird und die Breite unverändert bleibt?
b) Wie breit wäre die Schutzhülle, wenn mit dem geplanten Faktor „a" gebaut wird, die Höhe jedoch 120 m betragen soll?

Förderbedarf:

Freißler/Mayr: Bildungsstandards Mathematik 10. Klasse © Brigg Pädagogik Verlag GmbH, Augsburg

| Inhalt:
Bogenbrücken: $y = -ax^2$ | Schwierigkeitsgrad:
I – III | Kompetenz:
1, 2, 3, 4, 5 | Leitidee:
4 |

Neue Schutzhülle für Block 4

Zur Situation des Unglücksreaktors 20 Jahre nach dem Super-GAU:

Nach der Katastrophe von Tschernobyl am 26. April 1986 wurde der defekte Reaktorblock mit dem so genannten „Sarkophag" verschlossen. Dieser alte Sarkophag über Block 4 wurde aber in den 20 Jahren bis zum Jahr 2006 undicht; Regen- und Schmelzwasser drangen ein und machten die Schutzhülle brüchig.
Die Gesamtfläche der Lücken betrug im Frühjahr 2006 ca. 100 m².
Die Gefahr bestand, dass bei einem Einsturz des Sarkophags sich eine riesige radioaktive Wolke über weite Teile Europas ausbreiten würde. Noch im selben Jahr sollte mit dem Bau einer neuen Schutzhülle begonnen werden.
Geschätzte Kosten: ca. 770 Millionen Euro.

Der Plan: In einiger Entfernung werden große Metallteile bogenförmig gespannt und miteinander verbunden. Anschließend wird die 20 000 Tonnen schwere Dachkonstruktion auf Schienen über den Reaktorblock geschoben. Mit 108 Meter soll die „Arche" 12 Meter höher als der Big Ben in London sein. Geplante Fertigstellung: 2008.

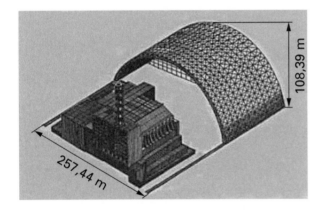

Aufgabe 1 (I):

a) Nennen Sie die Funktionsgleichung der geplanten Schutzhülle!

$$y = -ax^2$$

b) Beschreiben Sie, warum diese Funktionsgleichung so lauten muss!

Die Funktion lautet $y = -ax^2$, *weil* die Schutzhülle

einer nach unten geöffneten Parabel entspricht.

c) Wie hoch liegt der Scheitelpunkt der Schutzhülle laut Text/laut Zeichnung?

laut Text: 108 m

laut Zeichnung: 108,39 m

Aufgabe 2 (II):

a) Wie breit ist die gesamte Konstruktion (laut Zeichnung)?

Breite: 257,44 m

b) Wie breit ist die geplante Schutzhülle?
   (Entnehmen Sie die Maße so gut wie möglich aus der Zeichnung und runden Sie auf ganze Meter!)

$52 \text{ mm} \triangleq 257 \text{ m}$ $9,8 \text{ m} \cdot 2 = 19,6 \text{ m}$

$1 \text{ mm} \triangleq 4,9 \text{ m}$ $\rightarrow$ (passende Zahl suchen)

$2 \text{ mm} \triangleq \underline{9,8 \text{ m}}$ $257,44 \text{ m} - 19,44 \text{ m}$

$= \underline{\underline{238 \text{ m}}}$

Aufgabe 3 (III):

Wenn man von einer Scheitelhöhe von 108 m und einer Breite von 238 m ausgeht, wie groß ist dann der Faktor „a"?

$y = [-] ax^2$

$108 = [-] a \cdot 119^2$

$108 = [-] a \cdot 14\,161 \quad | : 14\,161 \quad \rightarrow \quad [-] a \approx \underline{\underline{0,0076}}$

Aufgabe 4 (III):

a) Welche Höhe würde die Schutzhülle erreichen, wenn mit einem Faktor „a" von 0,009 gebaut wird und die Breite unverändert bleibt?
b) Wie breit wäre die Schutzhülle, wenn mit dem geplanten Faktor „a" gebaut wird, die Höhe jedoch 120 m betragen soll?

a) $y = [-] ax^2$ b) $y = [-] ax^2$

$y = [-] 0,009 \cdot 119^2$ $120 = [-] 0,0076 \cdot x^2 \quad | : 0,0076$

$y = [-] 0,009 \cdot 14\,161$ $15\,789 \approx x^2 \qquad | \sqrt{}$

$\underline{y \approx [-] 127,45}$ $\underline{126 = x}$

$\downarrow$

$126 \cdot 2 = \underline{\underline{252 \text{ m}}}$

Förderbedarf:

Freißler/Mayr: Bildungsstandards Mathematik 10. Klasse © Brigg Pädagogik Verlag GmbH, Augsburg

Thema: Wahrscheinlichkeit			Name:	
Inhalt: Zufallsversuch, Ergebnis, Ereignis	**Schwierigkeitsgrad:** I – III	**Kompetenz:** 1, 2, 4, 5	**Leitidee:** 1, 4, 5	

Roulette – ein beliebtes Glücksspiel

Das Roulette ist ein Glücksspiel mit einer Kugel auf einer drehbaren Scheibe mit abwechselnd roten und schwarzen Fächern (1–36); die 0 ist grün. Durch Drehen der Scheibe wird die Kugel in Umlauf gesetzt. Auf die zu erwartenden Zahlen kann der Spieler setzen und somit einen Gewinn erzielen.
Es werden unterschieden:
manque (klein): Ziffern 1–18; passe (groß): Ziffern 19–36;
pair (gerade): alle geraden Zahlen;
impair (ungerade): alle ungeraden Zahlen;
rouge (rot); noir (schwarz);
douze premier (erstes Dutzend): 1–12;
douze milieu (mittleres Dutzend): 13–24;
douze dernier (letztes Dutzend): 25–36.
Bei einer Null geht der Einsatz an die Bank, mit Ausnahme der auf volle Nummern gesetzten Chips.

Aufgabe 1 (I):

Ein Roulette-Spieler versucht sein Glück. Wie groß ist die Wahrscheinlichkeit für

– eine einzelne Zahl: _____

– eine kleine Zahl (ohne die „0"): _____

– eine gerade Zahl (ohne die „0"): _____

– eine rote Zahl: _____

– eine Zahl im „douze dernier": _____

Aufgabe 2 (II):

Wenn der Spieler auf eine gerade Zahl setzt, bekommt er, wenn die Zahl „passt", den doppelten Einsatz als Gewinn; wenn er auf das erste Dutzend setzt, erhält er den dreifachen Einsatz; wenn er auf eine Zahl setzt, den 36-fachen Einsatz. Welche mathematische Logik steckt hinter diesen Quoten?

_____

_____

Unter welcher Voraussetzung bekommt er den 9-fachen Einsatz, den 12-fachen, den 18-fachen Einsatz?

_____

_____

_____

Aufgabe 3 (II):

Eines der drei Glücksräder wurde gedreht. Dabei ergab sich folgende Häufigkeitstabelle:

Ergebnis	schwarz	grau	weiß
Häufigkeit	52	24	27

Welches Glücksrad wurde gedreht? Wie kommen Sie zu Ihrer Meinung?

_____

_____

_____

Aufgabe 4 (III):

Zeichnen Sie die fehlenden Farben in das Glücksrad ein,
wenn folgende Bedingungen gelten:

- $p\,(E_1: \text{rot}) = \frac{1}{8}$
- $p\,(E_2: \text{blau}) = x$
- $p\,(E_3: \text{gelb}) = 3 \cdot p\,(E_1)$
- Die Flächen müssen sich farblich abwechseln.

Aufgabe 5 (IV):

Bestimmen Sie die Wahrscheinlichkeit der Ereignisse:

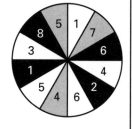

a) schwarz ☐   b) weiß ☐   c) grau ☐

d) 5 ☐   e) nicht 5 ☐   f) grau oder 2 ☐

g) Primzahl ☐   h) ≥ 5 ☐   i) > 5 ☐

j) durch 2 teilbar, ≤ 5 ☐   k) durch 2 teilbar, < 5 ☐

Nennen Sie zwei Ereignisse mit einer Wahrscheinlichkeit größer als 0,5.

_____

Nennen Sie zwei Ereignisse mit einer Wahrscheinlichkeit kleiner als 0,25.

_____

Förderbedarf:

Freißler/Mayr: Bildungsstandards Mathematik 10. Klasse © Brigg Pädagogik Verlag GmbH, Augsburg

Thema: Wahrscheinlichkeit	Lösungsblatt

Inhalt: Zufallsversuch, Ergebnis, Ereignis	Schwierigkeitsgrad: I – III	Kompetenz: 1, 2, 4, 5	Leitidee: 1, 4, 5

Roulette – ein beliebtes Glücksspiel

Das Roulette ist ein Glücksspiel mit einer Kugel auf einer drehbaren Scheibe mit abwechselnd roten und schwarzen Fächern
(1–36); die 0 ist grün. Durch Drehen der Scheibe wird die Kugel in
Umlauf gesetzt. Auf die zu erwartenden Zahlen kann der Spieler
setzen und somit einen Gewinn erzielen.
Es werden unterschieden:
manque (klein): Ziffern 1–18; passe (groß): Ziffern 19–36;
pair (gerade): alle geraden Zahlen;
impair (ungerade): alle ungeraden Zahlen;
rouge (rot); noir (schwarz);
douze premier (erstes Dutzend): 1–12;
douze milieu (mittleres Dutzend): 13–24;
douze dernier (letztes Dutzend): 25–36.
Bei einer Null geht der Einsatz an die Bank, mit Ausnahme der
auf volle Nummern gesetzten Chips.

Aufgabe 1 (I):

Ein Roulette-Spieler versucht sein Glück. Wie groß ist die Wahrscheinlichkeit für

– eine einzelne Zahl: $1 \text{ von } 37 = \frac{1}{37} \approx 2,7\ \%$

– eine kleine Zahl (ohne die „0"): $18 \text{ von } 36 = \frac{18}{36} = \frac{1}{2} \approx 50\ \%$

– eine gerade Zahl (ohne die „0"): $18 \text{ von } 36 = \frac{18}{36} = \frac{1}{2} \approx 50\ \%$

– eine rote Zahl: $18 \text{ von } 36 = \frac{18}{36} = \frac{1}{2} \approx 50\ \%$

– eine Zahl im „douze dernier": $12 \text{ von } 36 = \frac{12}{36} = \frac{1}{3} \approx 33\frac{1}{3}\ \%$

Aufgabe 2 (II):

Wenn der Spieler auf eine gerade Zahl setzt, bekommt er, wenn die Zahl „passt", den doppelten Einsatz
als Gewinn; wenn er auf das erste Dutzend setzt, erhält er den dreifachen Einsatz; wenn er auf eine Zahl
setzt, den 36-fachen Einsatz. Welche mathematische Logik steckt hinter diesen Quoten?

Die Gewinnquote entspricht in etwa dem Risiko (der Wahrscheinlichkeit),

z. B.: erstes Dutzend – Chance $\frac{1}{3}$ – dreifacher Einsatz als Gewinn

Unter welcher Voraussetzung bekommt er den 9-fachen Einsatz, den 12-fachen, den 18-fachen Einsatz?

Setzen auf vier Zahlen – Chance $\frac{1}{4}$ (ohne „0") – 9-facher Einsatz

Setzen auf drei Zahlen – Chance $\frac{1}{12}$ (ohne „0") – 12-facher Einsatz

Setzen auf zwei Zahlen – Chance $\frac{1}{18}$ (ohne „0") – 18-facher Einsatz

Aufgabe 3 (II):

Eines der drei Glücksräder wurde gedreht. Dabei ergab sich folgende Häufigkeitstabelle:

Ergebnis	schwarz	grau	weiß
Häufigkeit	52	24	27

Welches Glücksrad wurde gedreht? Wie kommen Sie zu Ihrer Meinung?

Gedreht wurde das zweite Glücksrad. Es besteht zur Hälfte aus der schwarzen Fläche und jeweils

aus einem Viertel der beiden anderen.

Diese Verteilung spiegelt sich im Ergebnis wider.

Aufgabe 4 (III):

Zeichnen Sie die fehlenden Farben in das Glücksrad ein,
wenn folgende Bedingungen gelten:

- $p\,(E_1\text{: rot}) = \dfrac{1}{8}$
- $p\,(E_2\text{: blau}) = x$
- $p\,(E_3\text{: gelb}) = 3 \cdot p\,(E_1)$
- Die Flächen müssen sich farblich abwechseln.

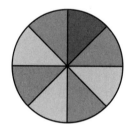

Aufgabe 5 (IV):

Bestimmen Sie die Wahrscheinlichkeit der Ereignisse:

a) schwarz $\boxed{\dfrac{1}{3}}$ b) weiß $\boxed{\dfrac{5}{12}}$ c) grau $\boxed{\dfrac{1}{4}}$

d) 5 $\boxed{\dfrac{1}{6}}$ e) nicht 5 $\boxed{\dfrac{5}{6}}$ f) grau oder 2 $\boxed{\dfrac{1}{3}}$

g) Primzahl $\boxed{\dfrac{1}{2}}$ h) ≥ 5 $\boxed{\dfrac{1}{2}}$ i) > 5 $\boxed{\dfrac{1}{3}}$

j) durch 2 teilbar, ≤ 5 $\boxed{\dfrac{1}{4}}$ k) durch 2 teilbar, < 5 $\boxed{\dfrac{1}{4}}$

Nennen Sie zwei Ereignisse mit einer Wahrscheinlichkeit größer als 0,5.

- grau und weiß $\left(\dfrac{8}{12} = \dfrac{2}{3} = 0,6\overline{6}\right)$ - < 6 $\left(\dfrac{8}{12} = 0,6\overline{6}\right)$

Nennen Sie zwei Ereignisse mit einer Wahrscheinlichkeit kleiner als 0,25.

- < 2 $\left(\dfrac{2}{12} = \dfrac{1}{6} \approx 17\,\%\right)$ - ≥ 7 $\left(\dfrac{2}{12}\right)$ - > 7 $\left(\dfrac{1}{12} \approx 8\,\%\right)$

Förderbedarf:

Freißler/Mayr: Bildungsstandards Mathematik 10. Klasse © Brigg Pädagogik Verlag GmbH, Augsburg

Thema: Wahrscheinlichkeit	Name:		
Inhalt: Mehrstufige Zufallsversuche	**Schwierigkeitsgrad:** I – IV	**Kompetenz:** 1, 2, 4, 5	**Leitidee:** 1, 4, 5

Dem Glück auf der Spur

In einer Lostrommel befinden sich 6 Nieten, 3 Gewinne und einmal „Einsatz zurück", bei dem der Spieler seinen Einsatz wieder erstattet bekommt.

Aufgabe 1 (I):

Stellen Sie die Wahrscheinlichkeit der Ereignisse in Form eines Baumdiagramms dar und bestimmen Sie die Wahrscheinlichkeiten der verschiedenen Pfade!

Geben Sie in Bruchteilen an:

GG: ☐   GE: ☐   GN: ☐   EG: ☐   EE: ☐   EN: ☐   NG: ☐   NE: ☐   NN: ☐

Aufgabe 2 (II):

Geben Sie in Prozent (auf ganze Prozent gerundet) an:

– die unwahrscheinlichste Möglichkeit: _____

– die wahrscheinlichste Möglichkeit: _____

Berechnen die Wahrscheinllchkeiten (Angabe als Bruch und ganze Prozent)

– wenigstens ein Gewinn:

– kein Gewinn:

– keine Niete:

– 2 x das gleiche Los:

Aufgabe 3 (III):

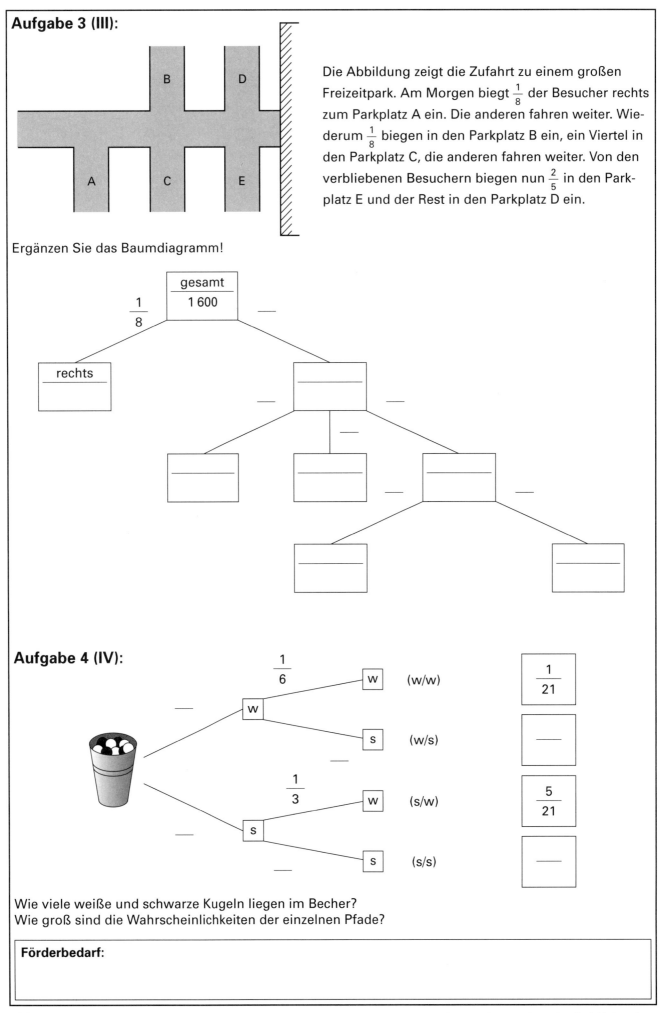

Die Abbildung zeigt die Zufahrt zu einem großen Freizeitpark. Am Morgen biegt $\frac{1}{8}$ der Besucher rechts zum Parkplatz A ein. Die anderen fahren weiter. Wiederum $\frac{1}{8}$ biegen in den Parkplatz B ein, ein Viertel in den Parkplatz C, die anderen fahren weiter. Von den verbliebenen Besuchern biegen nun $\frac{2}{5}$ in den Parkplatz E und der Rest in den Parkplatz D ein.

Ergänzen Sie das Baumdiagramm!

gesamt
1 600

$\frac{1}{8}$ ___

rechts ___

Aufgabe 4 (IV):

$\frac{1}{6}$ w   (w/w) | $\frac{1}{21}$

___   w

___   s   (w/s) | ___

$\frac{1}{3}$ w   (s/w) | $\frac{5}{21}$

___   s

___   s   (s/s) | ___

Wie viele weiße und schwarze Kugeln liegen im Becher?
Wie groß sind die Wahrscheinlichkeiten der einzelnen Pfade?

Förderbedarf:

Thema: Wahrscheinlichkeit	Lösungsblatt		
Inhalt: Mehrstufige Zufallsversuche	**Schwierigkeitsgrad:** I – IV	**Kompetenz:** 1, 2, 4, 5	**Leitidee:** 1, 4, 5

Dem Glück auf der Spur

In einer Lostrommel befinden sich 6 Nieten, 3 Gewinne und einmal „Einsatz zurück", bei dem der Spieler seinen Einsatz wieder erstattet bekommt.

Aufgabe 1 (I):

Stellen Sie die Wahrscheinlichkeit der Ereignisse in Form eines Baumdiagramms dar und bestimmen Sie die Wahrscheinlichkeiten der verschiedenen Pfade!

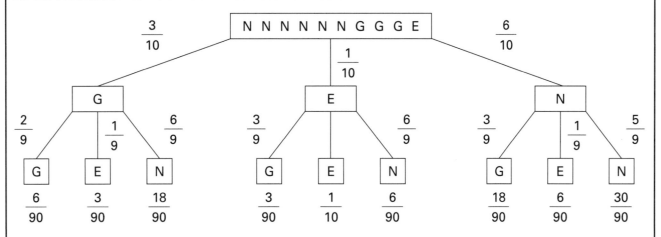

Geben Sie in Bruchteilen an:

GG: $\boxed{\frac{6}{90}}$ GE: $\boxed{\frac{3}{90}}$ GN: $\boxed{\frac{18}{90}}$ EG: $\boxed{\frac{3}{90}}$ EE: $\boxed{\frac{1}{10}}$ EN: $\boxed{\frac{6}{90}}$ NG: $\boxed{\frac{18}{90}}$ NE: $\boxed{\frac{6}{90}}$ NN: $\boxed{\frac{30}{90}}$

Aufgabe 2 (II):

Geben Sie in Prozent (auf ganze Prozent gerundet) an:

– die unwahrscheinlichste Möglichkeit: GE oder EG: ≈ 3 %

– die wahrscheinlichste Möglichkeit: NN: ≈ 33 %

Berechnen die Wahrscheinllchkeiten (Angabe als Bruch und ganze Prozent)

– wenigstens ein Gewinn: $\frac{6 + 3 + 18 + 3 + 18}{90} = \frac{48}{90} \approx 53\,\%$

– kein Gewinn: $\frac{9 + 6 + 6 + 30}{90} = \frac{51}{90} \approx 57\,\%$

– keine Niete: $\frac{6 + 3 + 3 + 9}{90} = \frac{21}{90} \approx 23\,\%$

– 2 x das gleiche Los: $\frac{6}{90} + \frac{30}{90} = \frac{36}{90} \approx 40\,\%$

Aufgabe 3 (III):

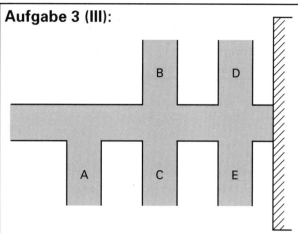

Die Abbildung zeigt die Zufahrt zu einem großen Freizeitpark. Am Morgen biegt $\frac{1}{8}$ der Besucher rechts zum Parkplatz A ein. Die anderen fahren weiter. Wiederum $\frac{1}{8}$ biegen in den Parkplatz B ein, ein Viertel in den Parkplatz C, die anderen fahren weiter. Von den verbliebenen Besuchern biegen nun $\frac{2}{5}$ in den Parkplatz E und der Rest in den Parkplatz D ein.

Ergänzen Sie das Baumdiagramm!

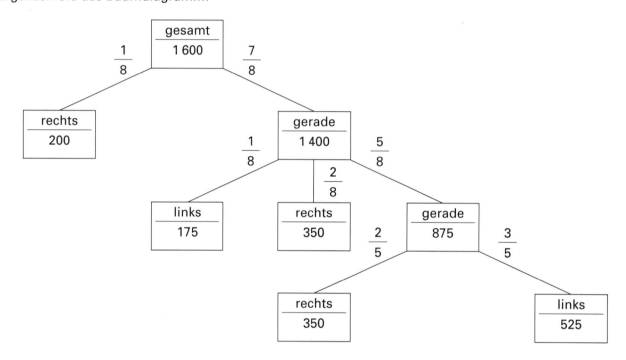

Aufgabe 4 (IV):

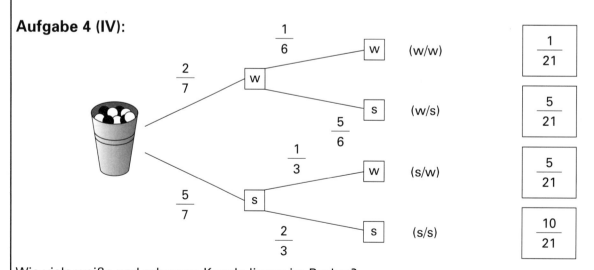

Wie viele weiße und schwarze Kugeln liegen im Becher?
Wie groß sind die Wahrscheinlichkeiten der einzelnen Pfade?

Förderbedarf:

Freißler/Mayr: Bildungsstandards Mathematik 10. Klasse © Brigg Pädagogik Verlag GmbH, Augsburg

Thema: Wahrscheinlichkeit	Name:		
Inhalt: Kombination und Produktregel, Reihenfolge und Fakultät	Schwierigkeitsgrad: I – III	Kompetenz: 1, 2, 4, 5	Leitidee: 1, 4, 5

Schmuckstück(e)

Alexandra kann an keinem Schaufenster vorübergehen, wenn in der Auslage verschiedene Schmuckstücke auf den angehenden Kunden warten. Sie besitzt mittlerweile bereits 2 Uhren, 4 Kettchen und drei Armreife.

Aufgabe 1 (I):

Wie viele Möglichkeiten, diese Schmuckstücke zu kombinieren, hat sie? Stellen Sie die Zahl der Möglichkeiten in Form eines Baumdiagramms dar!

Aufgabe 2 (II):

Sie haben die fünfstellige Zahlenkombination für den Zugang zu ihrer Festplatte vergessen. Sie wissen, dass die erste Zahl keine Null ist.

a) Wie viele Zahlenkombinationen sind möglich?

b) Wie groß ist die Wahrscheinlichkeit, bei drei Versuchen zufällig die richtige Zahlenkombination einzugeben?

c) Ihnen fällt ein, dass die erste Zahl > 6 und die beiden letzten Zahlen ungerade sind. Wie groß ist nun die Wahrscheinlichkeit, bei drei Versuchen die Zahlenkombination zu erraten?

Aufgabe 3 (III):

Ergänzen Sie zu diesen Ergebnissen die Aufgabenstellung!

a) $5 \cdot 5 \cdot 2 = 50$ b) $\frac{1}{50}$ c) 251   <u>388</u>   444   906   084

a) Florian stellt ein Zahlenrätsel: „Ich denke mir eine _____ Zahl.

Die erste Ziffer ist _____ , die zweite Ziffer ist _____ ,

die dritte ist _____ .

Wie viele Möglichkeiten gibt es?"

b) _____

_____

c) _____

_____

Aufgabe 4 (II):

Geben Sie an, wie viele Reihenfolgen möglich sind, um sieben seiner Lieblingssongs auf einer CD hintereinander aufzunehmen!

Aufgabe 5 (III):

81 Läufer stehen in der ersten Startgruppe der Profi-Läufer in einem Stadt-Marathon.
Wie viele Möglichkeiten der Startfolge gibt es?

Förderbedarf:

Freißler/Mayr: Bildungsstandards Mathematik 10. Klasse © Brigg Pädagogik Verlag GmbH, Augsburg

Thema: Wahrscheinlichkeit	Lösungsblatt
Inhalt: Kombination und Produktregel, Reihenfolge und Fakultät	Schwierigkeitsgrad: I – III	Kompetenz: 1, 2, 4, 5	Leitidee: 1, 4, 5

Schmuckstück(e)

Alexandra kann an keinem Schaufenster vorübergehen, wenn in der Auslage verschiedene Schmuckstücke auf den angehenden Kunden warten. Sie besitzt mittlerweile bereits 2 Uhren, 4 Kettchen und drei Armreife.

Aufgabe 1 (I):

Wie viele Möglichkeiten, diese Schmuckstücke zu kombinieren, hat sie? Stellen Sie die Zahl der Möglichkeiten in Form eines Baumdiagramms dar!

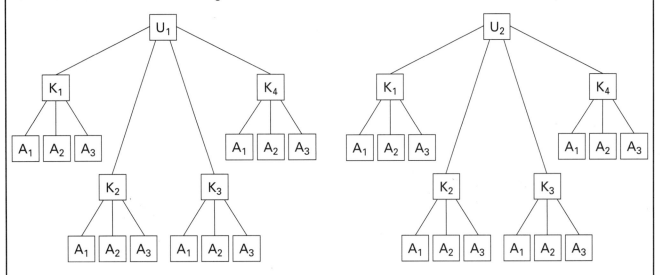

Aufgabe 2 (II):

Sie haben die fünfstellige Zahlenkombination für den Zugang zu ihrer Festplatte vergessen. Sie wissen, dass die erste Zahl keine Null ist.

a) Wie viele Zahlenkombinationen sind möglich?

$$9 \cdot 10 \cdot 10 \cdot 10 \cdot 10 = \underline{\underline{90\,000}} = \underline{\underline{9 \cdot 10^4}}$$

b) Wie groß ist die Wahrscheinlichkeit, bei drei Versuchen zufällig die richtige Zahlenkombination einzugeben?

$$\frac{3}{90\,000} = \frac{1}{30\,000} \approx \underline{\underline{3 \cdot 10^{-5}}}$$

c) Ihnen fällt ein, dass die erste Zahl > 6 und die beiden letzten Zahlen ungerade sind. Wie groß ist nun die Wahrscheinlichkeit, bei drei Versuchen die Zahlenkombination zu erraten?

$$3 \cdot 10 \cdot 10 \cdot 5 \cdot 5 = \underline{\underline{7\,500}} \qquad \rightarrow \qquad \frac{3}{7\,500} = \frac{1}{2\,500} = \underline{\underline{4 \cdot 10^{-4}}}$$

Aufgabe 3 (III):

Ergänzen Sie zu diesen Ergebnissen die Aufgabenstellung!

a) $5 \cdot 5 \cdot 2 = 50$ b) $\frac{1}{50}$ c) 251   <u>388</u>   444   906   084

a) Florian stellt ein Zahlenrätsel: „Ich denke mir eine   <u>dreistellige</u>   Zahl.

   Die erste Ziffer ist   <u>ungerade</u> , die zweite Ziffer ist   <u>gerade</u> ,

   die dritte ist   <u>durch 4 teilbar</u> .

   Wie viele Möglichkeiten gibt es?"

b) Wie groß ist die Wahrscheinlichkeit, beim ersten _____

   Versuch die gesuchte Zahl zu erraten? _____

c) Unterstreichen Sie die Zahl, die eine _____

   mögliche Lösung sein könnte! _____

Aufgabe 4 (II):

Geben Sie an, wie viele Reihenfolgen möglich sind, um sieben seiner Lieblingssongs auf einer CD hintereinander aufzunehmen!

7 | SHIFT | x! = <u>5 040</u>

Aufgabe 5 (III):

81 Läufer stehen in der ersten Startgruppe der Profi-Läufer in einem Stadt-Marathon.
Wie viele Möglichkeiten der Startfolge gibt es?

$81!$ → $81 \cdot 80 \cdot 79 \cdot 78 \cdot 77 \cdot 76 \cdot 75 \cdot 74 \cdot 73 \cdot$

             $72 \cdot 71 \cdot 70 \cdot 69 \approx$ <u>$2,3375 \cdot 10^{24}$</u>

  → $68! \approx 2,48 \cdot 10^{96}$

  → $2,3375 \cdot 10^{24} \cdot 2,48 \cdot 10^{96} \approx$ <u>$5,797 \cdot 10^{120}$</u>

Förderbedarf:

Freißler/Mayr: Bildungsstandards Mathematik 10. Klasse © Brigg Pädagogik Verlag GmbH, Augsburg

Thema: Wahrscheinlichkeit	Name:		
Inhalt: Reihenfolge und Auswahl	Schwierigkeitsgrad: I – III	Kompetenz: 1, 2, 4, 5	Leitidee: 1, 4, 5

Manege frei

Der Zauberer Santini beherrscht 20 Zauberkunststücke, mit denen er seine Zuschauer immer wieder begeistert. Jeden Abend bietet er den Besuchern eine neue Show.

Aufgabe 1 (I):

Wie viele Auftritte mit jeweils 7 verschiedenen Zauberkunststücken kann er damit bestreiten?

Aufgabe 2 (II):

Bei der Wahl zur Disco-Queen der Woche bewerben sich in einer Disco auf Kreta 14 hübsche Mädchen für die ersten drei Plätze. Wie viele verschiedene Ergebnisse sind möglich?

Aufgabe 3 (II):

Wie viele verschiedene Eisbecher sind möglich, wenn es Peter egal ist, in welcher Reihenfolge Luigi die Becher füllt?
a) Auswahl von 3 verschiedenen Kugeln aus 10 Sorten

b) Auswahl von 4 verschiedenen Kugeln aus 10 Sorten

c) Auswahl von 4 (auch gleichen) Kugeln aus 10 Sorten

Aufgabe 4 (III):

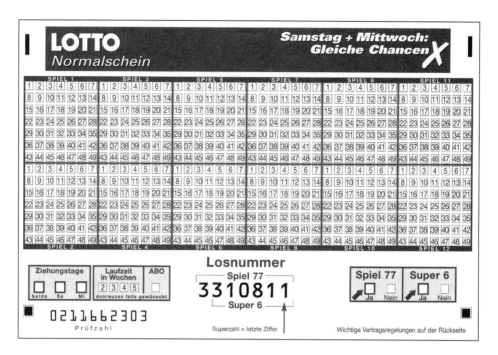

a) Wie viele Möglichkeiten gibt es für einen „Sechsertipp"?

b) Wie groß ist die Wahrscheinlichkeit, die Losnummer bei Spiel 77 richtig zu tippen?

c) Geben Sie in Prozent/Promille an, wie groß die Wahrscheinlichkeit ist, die letzten 2 (3, 4, 5, 6) Ziffern richtig zu tippen?

d) Um welchen Prozentanteil ist die Gewinnchance bei „Super 6" im Gegensatz zu „Spiel 77" größer?

Förderbedarf:

 Freißler/Mayr: Bildungsstandards Mathematik 10. Klasse © Brigg Pädagogik Verlag GmbH, Augsburg

Thema: Wahrscheinlichkeit	Lösungsblatt

Inhalt: Reihenfolge und Auswahl	Schwierigkeitsgrad: I – III	Kompetenz: 1, 2, 4, 5	Leitidee: 1, 4, 5

Manege frei

Der Zauberer Santini beherrscht 20 Zauberkunststücke, mit denen er seine Zuschauer immer wieder begeistert. Jeden Abend bietet er den Besuchern eine neue Show.

Aufgabe 1 (I):

Wie viele Auftritte mit jeweils 7 verschiedenen Zauberkunststücken kann er damit bestreiten?

- ohne Berücksichtigung der Reihenfolge:

$$\frac{20 \cdot 19 \cdot 18 \cdot 17 \cdot 16 \cdot 15 \cdot 14}{7 \cdot 6 \cdot 5 \cdot 4 \cdot 3 \cdot 2 \cdot 1} = \frac{390\,700\,800}{5\,040} = \underline{\underline{77\,520}}$$

- mit Berücksichtigung der Reihenfolge:

$$20 \cdot 19 \cdot 18 \cdot 17 \cdot 16 \cdot 15 \cdot 14 = \underline{\underline{390\,700\,800}}$$

Aufgabe 2 (II):

Bei der Wahl zur Disco-Queen der Woche bewerben sich in einer Disco auf Kreta 14 hübsche Mädchen für die ersten drei Plätze. Wie viele verschiedene Ergebnisse sind möglich?

$$14 \cdot 13 \cdot 12 = \underline{\underline{2\,184}}$$

Hier muss die Reihenfolge berücksichtigt werden!

Aufgabe 3 (II):

Wie viele verschiedene Eisbecher sind möglich, wenn es Peter egal ist, in welcher Reihenfolge Luigi die Becher füllt?
a) Auswahl von 3 verschiedenen Kugeln aus 10 Sorten

$$10 \cdot 9 \cdot 8 = \underline{\underline{720}}$$

b) Auswahl von 4 verschiedenen Kugeln aus 10 Sorten

$$10 \cdot 9 \cdot 8 \cdot 7 = \underline{\underline{5\,040}}$$

c) Auswahl von 4 (auch gleichen) Kugeln aus 10 Sorten

$$10^4 = \underline{\underline{10\,000}} \quad \text{(Produktregel!)}$$

Aufgabe 4 (III):

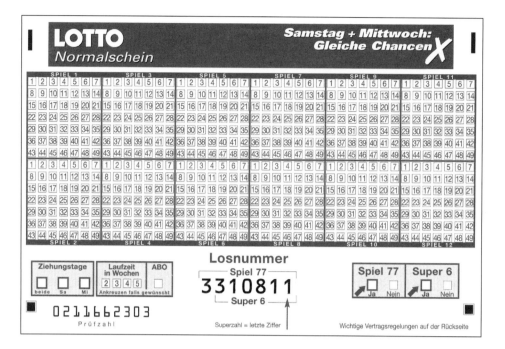

a) Wie viele Möglichkeiten gibt es für einen „Sechsertipp"?

b) Wie groß ist die Wahrscheinlichkeit, die Losnummer bei Spiel 77 richtig zu tippen?

c) Geben Sie in Prozent/Promille an, wie groß die Wahrscheinlichkeit ist, die letzten 2 (3, 4, 5, 6) Ziffern richtig zu tippen?

d) Um welchen Prozentanteil ist die Gewinnchance bei „Super 6" im Gegensatz zu „Spiel 77" größer?

a) $\dfrac{49 \cdot 48 \cdot 47 \cdot 46 \cdot 45 \cdot 44}{6 \cdot 5 \cdot 4 \cdot 3 \cdot 2 \cdot 1} = \underline{\underline{13\,983\,816}}$

b) $\dfrac{1}{10^7} = \dfrac{1}{\underline{\underline{10\,000\,000}}}$

c) 2 Stellen: $\dfrac{1}{100}$ = 1 % = 10 ‰

3 Stellen: $\dfrac{1}{1\,000}$ = 0,1 % = 1 ‰

4 Stellen: $\dfrac{1}{10\,000}$ = 0,01 % = 0,1 ‰

5 Stellen: $\dfrac{1}{100\,000}$ = 0,001 % = 0,01 ‰

6 Stellen: $\dfrac{1}{10\,00\,000}$ = 0,0001 % = 0,001 ‰

d) $\dfrac{1}{10^7} \mathrel{\hat{=}} 100\ \%$

$\dfrac{1}{10^9} \mathrel{\hat{=}} 1\ \%$

$\dfrac{1}{10^6} \mathrel{\hat{=}} \underline{\underline{1\,000\ \%}}$

Förderbedarf:

Freißler/Mayr: Bildungsstandards Mathematik 10. Klasse © Brigg Pädagogik Verlag GmbH, Augsburg

BRIGG Pädagogik **VERLAG** | Der neue Pädagogik-Fachverlag für Lehrer/-innen | **BRIGG** Pädagogik **VERLAG**

Komplett erstellte Kopiervorlagen für Mathematik und Informatik!

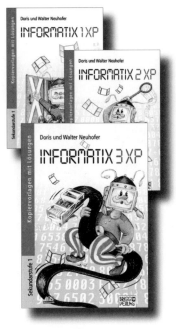

Werner Freißler / Otto Mayr

Bildungsstandards Mathematik
Testaufgaben für alle weiterführenden Schularten
Kopiervorlagen mit Lösungen

9. Klasse
140 S., DIN A4,
Best.-Nr. 253

Dieser Band enthält Aufgaben passend zu den Bildungsstandards Mathematik für die 9. Klasse. Verschiedene Schwierigkeitsgrade mit Angabe der jeweiligen Kompetenz und Leitidee ermöglichen eine Leistungsdifferenzierung und unterstützen Sie bei der Bestimmung des nötigen Förderbedarfs und der individuellen Hilfestellung für jeden einzelnen Schüler. Damit ist das Erzielen guter Prüfungsleistungen sichergestellt und die Transparenz des Leistungsstands zu jedem Zeitpunkt gegenüber den Eltern gewährleistet.

Otto Mayr

Neue Aufgabenformen im Mathematikunterricht
Aufgaben vernetzen – Probleme lösen – kreativ denken

5.–9. Klasse
168 S., DIN A4,
Kopiervorlagen mit Lösungen
Best.-Nr. 276

Vielfältige Aufgabensammlung zum neuen Ansatz nach PISA: Mit allen neuen Aufgabenformen, Kopfrechnen, Kopfgeometrie und den neuen Prüfungsaufgaben. Die Übungen stärken grundlegende mathematische Kompetenzen und fördern das Mathematisieren von Sachverhalten. Enthalten sind Fehleraufgaben, Aufgaben zum Weiterdenken, Verbalisierung, offene Aufgaben, Rückwärtsdenken, Aufgaben zum Experimentieren u.v.m.

Informatix XP 1
54 S., DIN A4,
Kopiervorlagen mit Lösungen
Best.-Nr. 250

Informatix XP 2
66 S., DIN A4,
Kopiervorlagen mit Lösungen
Best.-Nr. 251

Informatix XP 3
72 S., DIN A4,
Kopiervorlagen mit Lösungen
Best.-Nr. 252

Doris Neuhofer / Walter Neuhofer

Informatix XP
Kopiervorlagen mit Lösungen

Die Kopiervorlagen *Informatix* garantieren einen problemlosen Informatik-unterricht. Die komplett ausgearbeiteten Stundenmodelle decken den Jahresstoff in den Jahrgangsstufen 5 bis 7 ab. Die Bände gliedern sich in einen kleinen Theorieteil zu Aufbau und Funktionsweise des Computers, einen Praxisteil mit Aufgaben zum Umgang mit den Anwenderprogrammen sowie zahlreichen Kopiervorlagen mit Lösungen zur Überprüfung des erworbenen Wissens. Damit sparen Sie jede Menge Vorbereitungszeit.

Inhalt Band 1: PC-Grundkenntnisse

Inhalt Band 2: MS Word, MS Excel, Einfügen von Grafiken, Formatieren von Tabellen, Gestalten von Glückwunschkarten u.v.m.

Inhalt Band 3: Arbeiten mit MS Excel und MS PowerPoint, Gestaltung von Diagrammen, Erstellung von Präsentationen, Rechnen mit einfachen Funktionen u.v.m.

Bestellcoupon

Ja, bitte senden Sie mir / uns mit Rechnung

_____Expl. Best-Nr. _____

_____Expl. Best-Nr. _____

_____Expl. Best-Nr. _____

_____Expl. Best-Nr. _____

Meine Anschrift lautet:

Name / Vorname

Straße

PLZ / Ort

E-Mail

Datum/Unterschrift   Telefon (für Rückfragen)

Bitte kopieren und einsenden/faxen an:

Brigg Pädagogik Verlag GmbH
zu Hd. Herrn Franz-Josef Büchler
Zusamstr. 5
86165 Augsburg

☐ Ja, bitte schicken Sie mir Ihren Gesamtkatalog zu.

Bequem bestellen per Telefon / Fax:
Tel.: 0821 / 45 54 94-17
Fax: 0821 / 45 54 94-19
Online: www.brigg-paedagogik.de

BRIGG Pädagogik VERLAG

Der neue Pädagogik-Fachverlag für Lehrer/-innen

BRIGG Pädagogik VERLAG

Komplette Aufgabensammlung von der 5. bis zur 10. Klasse!

Effektive Materialien zum Thema Lernkompetenz!

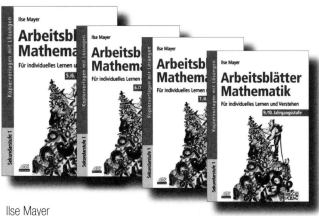

Ilse Mayer

Arbeitsblätter Mathematik

Eine neue Form von Arbeitsblättern mit Lösungen, mit denen der Stoff selbstständig und in individuellem Tempo erarbeitet, geübt und angewendet werden kann. Dieser unerschöpfliche Aufgabenfundus erleichtert Ihnen den Unterricht besonders in heterogenen Klassen mit zusätzlichen Wiederholungs- und Differenzierungsaufgaben.

Durch den klaren, übersichtlichen Aufbau der Arbeitsblätter, verbunden mit einem Punkteschlüssel zur Bewertung, ist eine Aussage über den einzelnen Leistungsstand jederzeit möglich. Für Einzel-, Partner- oder Gruppenarbeit, für Übung und Wiederholung auch in Förderkursen bestens geeignet!

5. / 6. Klasse
280 S., DIN A4,
140 Aufgabenseiten mit Lösungen
Zwei Bände in einem!
Best.-Nr. 259

6. / 7. Klasse
266 S., DIN A4,
130 Aufgabenseiten mit Lösungen
Zwei Bände in einem!
Best.-Nr. 260

7. / 8. Klasse
304 S., DIN A4,
160 Aufgabenseiten mit Lösungen
Zwei Bände in einem!
Best.-Nr. 261

9. / 10. Klasse
324 S., DIN A4,
170 Aufgabenseiten mit Lösungen
Zwei Bände in einem!
Best.-Nr. 262

Christa Koppensteiner

Wie Lernen funktioniert
Strategien und Methoden zum besseren Lernen

208 S., DIN A4,
Kopiervorlagen mit Lösungen
Best.-Nr. 264

89 Lerntipps und erprobte Kopiervorlagen helfen Ihnen, erfolgreich auf individuelle Lernprobleme Ihrer Schüler/-innen zu reagieren. Die Jugendlichen erfahren, wie man schwierige Texte verständlich aufbereitet oder wie man sich möglichst viele Informationen merkt.

Renate Potzmann

Methodenkompetenz und Lernorganisation
Planvolles Lernen und Arbeiten in der Schule und zu Hause

140 S., DIN A4,
Kopiervorlagen
Best.-Nr. 263

Fächerunabhängiges Programm zum Erwerb von Lernkompetenz. Mit zahlreichen, in sich abgeschlossenen Trainingsvorlagen und Übungen zu Lernorganisation, Informationsbeschaffung, -aufbereitung und -verarbeitung, Arbeits-, Zeit- und Lernplanung.

Alle Neuerscheinungen tagesaktuell unter www.brigg-paedagogik.de!

Bestellcoupon

Ja, bitte senden Sie mir / uns mit Rechnung

_____Expl. Best-Nr. _____

_____Expl. Best-Nr. _____

_____Expl. Best-Nr. _____

_____Expl. Best-Nr. _____

Meine Anschrift lautet:

_____
Name / Vorname

_____
Straße

_____
PLZ / Ort

_____
E-Mail

_____
Datum/Unterschrift   Telefon (für Rückfragen)

Bitte kopieren und einsenden/faxen an:

Brigg Pädagogik Verlag GmbH
zu Hd. Herrn Franz-Josef Büchler
Zusamstr. 5
86165 Augsburg

☐ Ja, bitte schicken Sie mir Ihren Gesamtkatalog zu.

Bequem bestellen per Telefon / Fax:
Tel.: 0821 / 45 54 94-17
Fax: 0821 / 45 54 94-19
Online: www.brigg-paedagogik.de